Theodor Gross

Robert Mayer und Hermann v. Helmholtz

Theodor Gross

Robert Mayer und Hermann v. Helmholtz

ISBN/EAN: 9783742890634

Hergestellt in Europa, USA, Kanada, Australien, Japan

Cover: Foto ©ninafisch / pixelio.de

Manufactured and distributed by brebook publishing software
(www.brebook.com)

Theodor Gross

Robert Mayer und Hermann v. Helmholtz

Robert Mayer

und

Hermann v. Helmholtz

Eine kritische Studie

von

Dr. Th. Gross.

BERLIN W. 1898.

Fischers technologischer Verlag M. KRAYN,

Steglitzerstrasse 86.

Vorwort.

Die Grundlage der Energetik bildet gegenwärtig neben dem Prinzip der Erhaltung der Energie der von Clausius aufgestellte Satz, wonach

> »die Wärme nicht von selbst aus einem kälteren in einen wärmeren Körper übergehen kann.«

Nach der Meinung seines Urhebers ist dieses

> »ein Grundsatz von derselben Wichtigkeit, wie der, dass man nicht Arbeit aus nichts schaffen kann.«[1])

Und in der That, wenn man nur den gegenwärtigen Zustand der Wissenschaft betrachtet, so muss man *Clausius* hierin Recht geben; ja man könnte fast sagen, sein Grundsatz sei von grösserer Wichtigkeit als selbst das Prinzip der Energieerhaltung; da er die Richtung der Naturvorgänge bestimmen will, während letzteres nur deren quantitative Verhältnisse festzustellen scheint. Aber der ideellen Bedeutung beider Sätze entspricht deren Nebenordnung keineswegs. Denn der Satz von Clausius ist bei weitem nicht so allgemein wie das Prinzip der Energieerhaltung oder die unmittelbar daraus folgende Aequivalenz von Wärme und Arbeit: Diese gilt für alle möglichen unmittelbaren und mittelbaren Wärmeverwandlungen, während jener Satz für mittelbare Wärmeübergänge seine Geltung verliert. In dem geschlossenen galvanischen Stromkreise z. B. verwandelt sich chemische Wärme in Stromwärme, die auf dem Leitungsdraht, durch Vergrösserung von dessen Widerstand, eine sehr hohe Temperatur annehmen kann. Hier erfolgt also eine durch elektrische Vorgänge vermittelte Verwandlung

---

[1]) Clausius, Abhandlungen I, 1864, S. 50.

der Wärme von niedrigerer in Wärme von höherer Temperatur, und zwar »von selbst«, d. h. ohne äussere Einwirkung. Soll dieser Wärmeübergang keinen Widerspruch gegen den Grundsatz von Clausius bilden, so sind darin unterscheidende Bestimmungen über Wärmeverwandlungen und Wärmeüberführungen aufzunehmen, die aber mehr oder weniger hypothetisch bleiben werden und nicht scharf zu begrenzen sind.

Somit hätten wir als Fundamentalsätze der Energetik das ganz allgemeine Prinzip der Erhaltung der Energie, und daneben einen sehr viel weniger allgemeinen, nicht einmal bestimmt zu formulierenden Satz. Auch dieser spricht kein Gesetz aus, das von der Natur einer Körpergattung abhängt, wie etwa das von Mariotte u. A.; sondern er macht eine Aussage über die Wärme, d. h. über eine Energieform, als solche, ganz abgesehen von der konkreten Natur der warmen Körper, und dabei ist er von dem Prinzip der Energieerhaltung scheinbar ganz unabhängig. Das muss doch aber Bedenken erregen. Denn ist dieses wirklich das allgemeinste Gesetz für alle Energiebewegungen, so muss alles, was einer Energieform als solcher, nach Abzug der Besonderheiten der Körper, zukommt ihm zu subsummieren sein und es als Merkmal enthalten. Sollte dagegen neben der Erhaltung der Energie noch ein zweites ihr koordiniertes Prinzip bestehen, so möchte man doch als ein solches nicht den Satz von Clausius annehmen, der nicht für alle Energieänderungen, ja nicht einmal für alle Wärmeübergänge gilt; sondern man hätte nach einem allgemeineren Satze zu suchen, aus dem er hergeleitet ist.

Ferner ist zu fragen, ob denn das Prinzip der Energieerhaltung wirklich nur seinem Wortlaute entsprechend die quantitativen Verhältnisse der Energieverwandlungen bestimmt und weiter nichts? Robert Mayer sagt:

»Es giebt in Wahrheit nur eine einzige Kraft. In ewigem Wechsel kreist dieselbe in der toten wie in der lebenden Natur.« [1]

Das Kreisen der Kraft kann aber nicht durch etwas ausser ihm Liegendes bestimmt werden; da es vielmehr

---

[1] Die organische Bewegung u. s. w. Einleitung.

Grundbedingung alles Geschehens ist: also folgt aus den Vorstellungen unseres Autors, dass die Kraftverwandlung auch das Gesetz ihrer Richtung in sich tragen muss, und dass dieses in einer erschöpfenden Formulierung des Prinzips der Kraftverwandlung zum Ausdruck zu bringen ist. Freilich weiss dann R. Mayer letzteres auch nur als das Prinzip des quantitativ konstanten Verhältnisses der Kraftverwandlungen allgemein zu fixieren, und seine tiefsinnige Bemerkung, dass ein Wärmevorrat sich nicht vollständig in mechanische Energie umsetzen lässt, bleibt davon unabhängig und daher fragmentarisch. Ihm, dem genialen Begründer der Energetik, der unter höchst ungünstigen Verhältnissen Grossartiges geleistet hat, wird selbstverständlich niemand hieraus einen Vorwurf machen; aber dass die Grundgesetze der Energetik noch der Aufhellung und Entwickelung bedürfen, dürfte nicht zu bestreiten sein.

Der Verfasser hat sich daher dieser Aufgabe seit längerer Zeit gewidmet[1]) und auch nachstehende Schrift soll ein Beitrag zu ihrer Lösung sein

Es wird darin R. Mayer's Auffassung des Prinzips der Energieerhaltung und diejenige von H. von Helmholtz in Bezug auf alle Gebiete der eigentlichen Physik ausführlich erörtert, um festzustellen, welche von beiden für den Aufbau der Energetik die bessere Grundlage giebt. Eine solche ins Einzelne gehende Erörterung ist in den zahlreichen Schriften über R. Mayer noch nicht versucht, und sia fehlt auch für von Helmholtz; während sie allein doch eine sichere Beurteilung der Leistungen beider Autoren ermöglicht.

Im Anschluss hieran hat der Verfasser mit Rücksicht darauf, dass das Endziel seiner Untersuchung ein positives ist, seine eigene Auffassung einiger Fragen von allgemeiner Bedeutung entwickelt.

---

[1]) M. vergl. Th. Gross. Ueber den Beweis des Prinzips von der Erhaltung der Energie; Berlin, Mayer & Müller 1891.

    „   „   Ueber den Satz von der Entropie; Verhandl. der Physikal. Gesellsch. z. Berlin 11, 1892, 4, 5, 7.

    „   „   Ueber die Hauptsätze der Energielehre; ebendaselbst 12, 1893, 1.

    „   „   Elektrochemische Zeitschrift III, 11, 1897, S. 239 ff.

Zur Vervollständigung der Erörterung von R. Mayer's Ideen musste ferner auch das Verhältnis, das von Helmholtz zu ihnen einnahm, besprochen werden. Denn dieses ist zweifellos auf deren Würdigung von bestimmender Wirkung gewesen, die noch andauert, so dass seine Uebergehung zu Missverständnissen führen konnte. Allerdings sind ja darüber bereits sehr verschiedene Meinungen bekannt geworden; indem sie aber nur mehr auf einzelne aus dem Zusammenhang genommene Thatsachen gegründet wurden, wirkten sie nicht so überzeugend, wie ihre Urheber es wünschten. In einem besonderen Abschnitte sind daher sämtliche Aeusserungen über R. Mayer, die von von Helmholtz vorliegen, eingehend erörtert, wodurch ein objektives zusammenhängendes Bild von deren Wert und Motiven erhalten wird.

Wie das Angegebene zeigt, ist die vorliegende Schrift ein notwendiges Glied einer allgemeinen Untersuchung; wo sie sich mit einzelnen Persönlichkeiten beschäftigt, geschieht es nur, insofern sie Urheber wissenschaftlicher Richtungen waren, oder überhaupt auf die Entwicklung der hier erörterten Ideen Einfluss ausgeübt haben. Gleichwohl wird es nicht an solchen fehlen, die der Kritik des Verfassers persönliche Motive nnterschieben; weil er einen entschiedenen Ausdruck, wo er ihn für angemessen hielt, nicht gescheut hat. Und gerade diejenigen werden ihn am eifrigsten so anschuldigen, die selbst am befangensten sind.

Doch der Verfasser weiss sich in seiner Schrift von persönlichen Beweggründen ganz frei: Er hat seine Ausdrüke nach dem Grundsatze gewählt, dass Abschwächungen und Verhüllungen des Urteils, wie sie im persönlichen Verkehr üblich sind, in der Wissenschaft jedenfalls keine Stelle finden dürfen, und Wahrheit die Höflichkeit der Wissenschaft ist. Wer in einer wissenschaftlichen Untersuchung die Wahrheit nicht nach seiner Ueberzeugung vollständig aussprechen kann oder will, der thut besser ganz zu schweigen, als durch Halbheiten sich und andere irre zu führen. Und welchen persönlichen Zweck konnte der Verfasser wohl auch mit seiner Schrift verfolgen? Der einzige denkbare wäre der, sich dadurch den Beifall gewisser Leser zu erwerben. Aber wer einer persönlich befangenen Kritik beistimmt, muss selbst parteiisch oder urteilslos sein, und auf die Anerkennung solcher Leser legt er durchaus keinen Wert. Sondern wie ihn nur sachliche Gründe zu der Ausarbeitung seiner Schrift bestimmten, so wünscht er auch, dass deren Erfolg dem Dichterwort entspreche:

»Mache der Schwärmer sich Schüler, wie Sand am Meere —
   der Sand ist
Sand, die Perle sei mein, du, o vernünftiger Freund!«

Inhalts = Uebersicht.

— —

Vorwort. Seite I

Die Verwandlungen der Kraft
nach
Robert Mayer.

— —

Einleitung.

Ausgangspunkt. — Ungedruckter Aufsatz. — Ziel der Untersuchung. — Angabe der berücksichtigten Schriften R. Mayer's. — Form ihrer Erörterung . . . . Seite 1

Logische Prinzipien.

R. Mayer's Auslegung des Kausalgesetzes. — Beispiel einer Kausalverbindung nach Schopenhauer und nach R. Mayer aufgefasst. — Mill, Wundt. Zeitlicher Zusammenhang von Ursache und Wirkung. — R. Mayer's Einteilung der Ursachen . . . . Seite 7

Mechanische Vorgänge.

Gleichung zwischen Arbeit und lebendiger Kraft. — Das wahre Kausalverhältniss bei der Hebung und Senkung eines Gewichtes. — Kausalität und logischer Grund. — Energieübertragung. — Die Schwere keine Ursache: R. Mayer, Schopenhauer. — Einzelne Bemerkungen. — Rückblick . . . . Seite 19

Wärme.

Die Forderung der Logik und die Aufgabe der Erfahrung. — Definition der Energie. — Empirische Bestimmung des kausalen Zusammenhanges zwischen Wärme und Arbeit. — Mayer und Rumford. — Mayer's Bestimmung des mechanischen Wärmeäquivalentes: Sonderung der rein experimentellen Thatsache und der logischen Voraussetzung. — Bestimmung der inneren Energie der Luft als Funktion der Temperatur mittels des Versuches von Gay Lussac und denselben. — Mayer's Bestimmung des mechanischen Wärmeäquivalentes verglichen mit denjenigen Joule's. — Ueber die Auffassung der Wärme als Bewegung. — Einzelne Bemerkungen. — Rückblick . . . . Seite 29

Elektrizität und Magnetismus.

Aequivalent der Reibungselektrizität. — Elektrophor. — Erwärmung einer Magnetnadel durch den Wechsel ihrer Pole . . . . . Seite 48

Chemische Vorgänge.

Die chemische Arbeit . . . . Seite 50

Galvanismus.

Volta's Fuudamentalversuch und Säule . . . Seite 53

Schlusswort

Seite 54

Ueber die Erhaltung der Kraft.

Eine physikalische Abhandlung

von

Hermann von Helmholtz.

Vorbemerkung.
Seite 60

Einleitung.

Gründe zur Erörterung der Einleitung und Beschränkung der ersteren. — Wege zur Begründung der Erhaltung der Energie und letztes Ziel der Naturwissenschaft nach von Helmholtz. — Letzte Ursachen. — Materie: »Materie an sich«. Masse. Chemische Elemente. — Spätere Auffassung der Kausalität bei von Helmholtz. — Bewegung. — Punktkräfte. — Fernkräfte als letzte Ursachen. — Rückblick . Seite 61

Das Prinzip von der Erhaltung der lebendigen Kraft.

Der Satz von Carnot-Clapeyron. — Der Satz von der Erhaltung der lebendigen Kraft. — Aufzählung der Hypothesen von von Helmholtz
Seite 93

Das Prinzip von der Erhaltung der Kraft.

Definition des Integrals nach von Helmholtz. — Seine Berechnung der Arbeit . . . . Seite 98

Die Anwendung des Prinzips in den mechanischen Theoremen.

Aufzählung von Vorgängen, worin die Erhaltung der Energie bereits bekannt war. — Allgemeine Mutmassungen . . . . Seite 101

Kraftäquivalent der Wärme.

Stoss und Reibung. — Wärmeäquivalent der Arbeit. — Arbeitsäquivalent der Wärme. — Wärme als Bewegung aufgefasst. — Chemische Wärme. — Erzeugung und Verschwinden von Wärme. — Was von Helmholtz als Herleitung des mechanischen Wärmeäquivalents bezeichnet. — Formeln von Clapeyron und Holtzmann. — Rückblick . . Seite 102

Kraftäquivalent der elektrischen Vorgänge.

Gewinn an lebendiger Kraft bei der wechselseitigen Neutralisation zweier geladener Leiter. — Anwendung auf die Entladung der Leydener Flasche. — Elektrische Fluida. — Rückblick . . . . Seite 112

Kraftäquivalent des Magnetismus und Elektromagnetismus.

Magnetisierung eines Eisenstückes durch einen unveränderlichen Stahlmagnet. — Elektromagnetische Potentialbestimmungen. — Rückblick
Seite 121

Galvanismus.

Kontaktkraft. — Konstante Ketten. — Polarisation. — Thermoströme. — Rückblick . . . . Seite 124

Schlusswort Seite 133

Anmerkung
über die analytische Darstellung der Energie
Seite 139

Das Verhalten von Hermann von Helmholtz gegen Robert Mayer Seite 141

Die Verwandlungen der Kraft

nach

Robert Mayer.

Einleitung.

Ausgangspunkt. — Ungedruckter Aufsatz. — Ziel der Untersuchung. — Angabe der berücksichtigten Schriften R. Mayer's. — Form ihrer Erörterung.

Robert Mayer erhielt die äussere Anregung zu seiner Entdeckung der Erhaltung der Energie bekanntlich durch eine Beobachtung, die er über die Färbung des Blutes bei Aderlässen in den Tropen machte. In den »Bemerkungen über das mechanische Aequivalent der Wärme« giebt er selbst darüber Folgendes an:

»Im Sommer 1840 machte ich bei Aderlässen, die ich auf Java an neuangekommenen Europäern vornahm, die Beobachtung, dass das aus der Armvene genommene Blut fast ohne Ausnahme eine überraschend hellrothe Färbung zeigte«. [2]

Die Beobachtung war sicherlich nicht neu; aber Mayer war der erste, der, wie wir sogleich hören, bis zu ihren letzten Gründen vorzudringen verstand.

»Diese Erscheinung fesselte meine volle Aufmerksamkeit. Von der Theorie Lavoisier's ausgehend, nach welcher die animalische Wärme das Resultat

---

[1] Mayer's Schriften sind im Folgenden stets angeführt nach »Mechanik der Wärme«, 3. Aufl. und nach: »Kleinere Schriften und Briefe«; beide herausg. v. Weyrauch, Stuttgart, Cotta, 1893.

[2] Mech. d. W. S. 243 ff.

eines Verbrennungsprozesses ist, betrachtete ich die
doppelte Farbenänderung, welche das Blut in den Haar-
gefässen des grossen und kleinen Kreislaufes erleidet,
als ein sinnlich wahrnehmbares Zeichen, als den sichtbaren Reflex einer mit dem Blute vor sich gehenden
Oxydation. Zur Erhaltung einer gleichförmigen Temperatur des menschlichen Körpers muss die Wärmeentwickelung in demselben mit seinem Wärmeverluste,
also auch mit der Temperatur des umgebenden Mediums
nothwendig in einer Grössenbeziehung stehen, und es
muss daher sowohl die Wärmeproduktion und der
Oxydationsprozess, als auch der Farbenunterschied
beider Blutarten im Ganzen in der heissen Zone geringer sein, als in kälteren Gegenden.«

Mayer verstand also die physiologische Bedeutung
seiner Beobachtung vollständig, und das Nächstliegende für
ihn, den Arzt, wäre gewesen, sie für eine physiologische Untersuchung allgemeineren Inhalts zu verwerthen. Aber ungleich tief-
blickender als jener andere Arzt, Galvani, der die Zuckungen
des Froschschenkels nicht zu deuten wusste, erkennt er, dass
sich in der hellen Färbung des Venenblutes ein physi-
kalisches Gesetz offenbare.

Denn der Wärmeverlust des Körpers entsteht, indem
letzterer Wärme erstens direkt als solche, und zweitens indirekt mittels Arbeit abgiebt. Nehmen wir nun gemäss der
physiologischen Verbrennungstheorie an, dass der Orgnismus
Wärme weder schaffen noch vernichten kann, so muss sein
gesammter direkter und indirekter Wärmeverlust durch
chemisch in ihm erzeugte Wärme gedeckt sein.

Bezeichnen wir für eine gewisse Zeit den direkten
Wärmeverlust durch q, den indirekten, mittelst der Arbeit v,.
durch p, so ist also die Summe beider Wärmemengen gleich
einer gewissen im Organismus erzeugten Wärme w:

$$w = q + p,$$

woraus

$$w - q = p$$

folgt: d. h. auch die vom Organismus indirekt abgegebene
ist gleich einer gewissen in ihm chemisch erzeugten
Wärmemenge.

Hieraus schliesst nun Mayer, dass die indirekt abgegebene Wärme auch mit der dazu verbrauchten Arbeit v in einem unveränderlichen Grössenverhältnisse stehen muss. Denn wenn »durch die nämliche Arbeit und bei gleichbleibendem organischen Verbrennungsprozesse verschieden grosse Wärmemengen erzielt werden könnten, so würde ja die produzirte Wärme bei einem und demselben Materialverbrauche bald kleiner, bald grösser ausfallen können, was gegen die Annahme ist«.

Der Schluss an sich ist ganz bündig; aber Mayer gründet ihn auf eine Voraussetzung, zu der er an dieser Stelle noch nicht berechtigt war. Um nämlich indirekt zu beweisen, dass zu demselben Werthe von p derselbe Werth der Arbeit v gehöre, setzt er voraus, dass zu derselben chemischen Wärme $w-q$. die nach Abzug der direkt abgegebenen Wärmemenge übrig bleibt, stets derselbe Arbeitswerth v gehört. Denn so lange wir noch nicht wissen, dass, in denselben Einheiten gemessen, $w - q = v$ sein muss, kann offenbar $p \lessgtr v$ sein, ohne dass die Gleichung $w - q = p$ hiervon berührt wird.

Mayer setzt also bei seinen Schlüssen, die ihn zu der Aequivalenz von Wärme und Arbeit führen sollten, dieselbe thatsächlich bereits voraus.

Diese Vorwegnahme des erst zu beweisenden Gesetzes ist hier nur angemerkt; weil gewöhnlich Mayer's physiologische Schlussfolgerungen als einwandsfrei reproduzirt werden, so dass der Anschein entsteht, als ob er durch regelrechte Induktion zu der Idee der Kraftverwandlung vorgedrungen sei, was er selbst wohl auch geglaubt hat. Das ist aber nicht richtig: was ihn in der von ihm beobachteten physiologischen Erscheinung die Aequivalenz von Wärme und Arbeit ahnen liess, war sein wunderbares intuitives Naturverständniss.

Doch er begnügt sich nicht mit einem flüchtigen Blick in das neue Gebiet der Erkenntniss: sein Genius offenbart ihm, dass das Geahnte nur von der Höhe logisch-mechanischer Ideen klar zu erkennen ist, und so bemüht er sich, zu ihnen empor zu klimmen.

Begeisterung will sich aber mittheilen; er sandte daher, im Februar 1841 von seiner Reise zurückgekehrt, bereits im

Juni desselben Jahres an Poggen'dorff zur Aufnahme in die
»Annalen« einen Aufsatz »Ueber die quantitative und qualitative Bestimmung der Kräfte«, der nichts von Physiologie,
sondern nur abstrakte logische und mechanische Erörterungen
enthält.[1])

Der gelehrte Herausgeber der »Annalen« druckte jedoch
das Manuskript weder ab, noch sandte er es dem Verfasser
auf dessen Ersuchen zurück, und liess auch dessen wiederholte schriftliche Anfragen nach dem Verbleib seines Eigen-
thums unbeantwortet.[2])

Letzteres war jedenfalls unangemessen; er musste sehen,
dass der Einsender kein gewöhnlicher Geist war und Auf-
munterung verdiente. Dagegen ist aus der Nichtaufnahme
der Arbeit in die »Annalen« Poggendorff kaum ein Vorwurf
zu machen; denn ihr Inhalt war zur Veröffentlichung noch
allzu nebelhaft; obwohl einzelne sehr bedeutende Gedanken
bereits klar hervortreten. Ein ideeller Schaden entstand auch
aus ihrer Ablehnung für Mayer nicht: sie wäre wahrscheinlich
unbeachtet geblieben, und seine Priorität bezüglich der Erhaltung der Energie ist ohnehin zweifellos.

Aber für die Entwickelungsgeschichte Mayer's ist sein
erster energetischer Versuch wichtig; weil die Wurzeln der
wichtigsten Ideen, die er später ausgesprochen hat, alle schon
darin zu finden sind.

In dieser Beziehung sei nur Folgendes kurz hervorgehoben.

Er bestimmt die Kräfte bereits als Ursachen[3]) und
spricht auch das Prinzip der Kraftverwandlung aus:

»Der Grundsatz, dass einmal gegebene Kräfte,
gleich den Stoffen quantitativ unveränderlich sind,
sichert uns begrifflich den Fortbestand der Differenzen
und damit den der materiellen Welt. Sowohl die
Wissenschaft, nehmen wir also an, welche sich mit
der Art des Seins der Stoffe (Chemie) als die, welche
sich mit der Art des Seins der Kräfte (Physik) beschäftigt, haben die Quantität ihrer Objekte als das Un-

---

[1]) Derselbe fand sich im Nachlass von Poggendorff vor, und ist
abgedruckt in: »Kleinere Schriften« u. s. w. S. 100—107.

[2]) M. vergl. daselbst, S. 101, Z. 1 v. o.

[3]) a. a. O.

veränderliche und nur die Qualität derselben als das Veränderliche zu betrachten.« [1]

Schief ist hierin die Unterscheidung von Chemie und Physik als Stoff- und Kraftlehre; er spricht dieselbe auch in seinen späteren Schriften aus; aber die Chemie ist selbstverständlich ebenfalls Kraftlehre.

Die nun folgenden Erörterungen über mechanische Vorgänge leiden an dem Fehler, dass Mayer als Mass der Kraft die Bewegungsgrösse statt der lebendigen Kraft einführt.

Seltsam sind auch seine Bemühungen, die qualitativen Kraftänderungen durch mathematische Formeln zu veranschaulichen. Er macht sich dabei nicht klar, dass die Mathematik eben nur Grössen darstellt, und dass sie sich daher auch der Kraftverwandlung nur in Form einer Grössenänderung der Krafteinheit bemächtigen kann.

Aber unter seinen pseudomathematischen Formeln leuchtet der folgende Satz glänzend hervor:

»Bewegung, Wärme, und, wie wir später zu entwickeln beabsichtigen, Elektrizität sind Erscheinungen, welche auf Eine Kraft zurückgeführt werden können, einander messen und nach bestimmten Gesetzen ineinander übergehen.« [2]

Das ist das Prinzip der Erhaltung der Energie, vollkommen klar ausgesprochen.

Mayer war allzu sehr von der Wahrheit seiner Naturauffassung überzeugt, als dass der äussere Misserfolg, von deren erster Darlegung sein begeistertes Vordringen auf der eingeschlagenen Bahn hemmen konnte. Im Jahre 1842 erschienen seine »Bemerkungen über die Kräfte der unbelebten Natur«, [3] worin er nach einer logischen Einleitung das Prinzip der Erhaltung der Energie für mechanische und Wärmeerscheinungen betrachtet, und 1845 die grosse Abhandlung über »Die organische Bewegung in ihrem Zusammenhang mit dem Stoffwechsel«. [4] Hierin kehrt er wiederum zu dem Ausgangspunkt seiner energetischen Untersuchungen,

---

[1] S. 101, Z. 19 v. u. ff.
[2] S. 105, Z. 17 v. u. ff.
[3] In »Annalen d. Chemie u. Pharmacie«, Maiheft.
[4] Heilbronn, C. Drechsler.

der Physiologie, zurück; unternimmt es jedoch, zuvor in einer Einleitung das genannte Prinzip in allen Zweigen der Physik nachzuweisen.

Indem ich mir nun in der vorliegenden Schrift bezüglich Robert Mayer's die Aufgabe stelle, durch eingehende Erörterung seiner thatsächlichen Angaben und Schlussfolgerungen zu ermitteln, was er zur Begründung des Prinzips der Energieerhaltung in der Physik beigetragen hat, sind vor Allem diese Einleitung und die »Bemerkungen über die Kräfte u. s. w.« zu berücksichtigen; sie werde ich daher der folgenden Untersuchung fast ausschliesslich zu Grunde legen. Werthvolle Erläuterungen zu ihnen enthalten die »Bemerkungen über das mechanische Aequivalent der Wärme«, aus denen ebenfalls Einzelnes entnommen ist. Auch aus Mayer's Briefwechsel sind Aufschlüsse über seine Ideen zu entnehmen. Ferner giebt der Aufsatz »Ueber Auslösung« eine wesentliche Ergänzung seiner Auslegung des Kausalgesetzes, die an geeigneter Stelle eingeschaltet ist.

Nicht eingehen werde ich auf den physiologischen Theil in »Organische Bewegung« und auf die »Beiträge zur Dynamik des Himmels«, so wichtig auch beide Arbeiten sind; weil sie Anwendungen des bereits als feststehend angenommenen Prinzips der Energieerhaltung sind; während hier diejenigen Thatsachen und Schlüsse untersucht werden sollen, durch die Mayer es zu begründen suchte.

Ebenso sind von der Erörterung ausgeschlossen Aeusserungen, die sich auf den sogenannten zweiten Hauptsatz beziehen.

Bei der Erörterung der einzelnen Gruppen von Vorgängen werde ich die Reihenfolge innehalten, die in »Organische Bewegung« besteht, aber die Belegstellen aus dieser, oder aus den »Bemerkungen über die Kräfte«, oder auch aus beiden wählen, je nachdem sich der Autor in der einen oder anderen Schrift am deutlichsten ausgesprochen hat, oder seine Aeusserungen aus anderen Gründen hervorzuheben sind.

Logische Prinzipien.

R. Mayer's Auslegung des Kausalgesetzes. — Beispiel einer Kausalverbindung nach Schopenhauer und R. Mayer aufgefasst. — Mill, Wundt. — Zeitlicher Zusammenhang von Ursache und Wirkung. — R. Mayer's Eintheilung der Ursachen.

— ——

Mayer geht bei seiner Begründung der Erhaltung der Energie von dem Kausalgesetze aus, das er in den »Bemerkungen über die Kräfte der unbelebten Natur« in folgender Weise formulirt:

> »Kräfte sind Ursachen: mithin findet auf dieselben volle Anwendung der Grundsatz: causa aequat effectum. Hat die Ursache c die Wirkung e, so ist $c = e$; ist e wieder die Ursache einer anderen Wirkung f, so ist $e = f$, u. s. f. $c = e = f \ldots = c$. In einer Kette von Ursachen und Wirkungen kann, wie aus der Natur einer Gleichung erhellt, nie ein Glied oder ein Theil eines Gliedes zu Null werden. Diese erste Eigenschaft aller Ursachen nennen wir ihre Unzerstörlichkeit.«[1]

In der Abhandlung über die organische Bewegung spricht er sich in demselben Sinne aus, nur dass an die Stelle von causa aequat effectum die Sätze ex nihilo nil fit, nil fit ad nihilum treten.

Der Satz causa aequat effectum ist aber ganz unbestimmt, und die anderen beiden logischen Aussprüche gelten zunächst für die Körper, wogegen sie Mayer auf deren Zustandsänderungen deutet: um seine Berechtigung dazu

---

[1] Bemerkungen S. 23.

nachzuweisen, musste er also jedenfalls die Beziehung zwischen den Körpern und ihren Zuständen logisch erörtern, was er unterlassen hat. Auch was er dann weiter zur Begründung des Kausalgesetzes anführt, kann nicht befriedigen.

»Hat die gegebene Ursache c eine ihr gleiche Wirkung e hervorgebracht, so hat eben damit c zu sein aufgehört; c ist zu e geworden; wäre nach der Hervorbringung von e, c ganz oder einem Theile nach noch übrig, so müsste dieser rückbleibenden Ursache noch weitere Wirkung entsprechen, die Wirkung von c überhaupt also $>$ e ausfallen, was gegen die Voraussetzung c $=$ e. Da mithin c in e, e in f u. s. w. übergeht, so müssen wir die Gründe als verschiedene Erscheinungsformen eines und desselben Objektes betrachten . . . Ursachen sind (quantitativ) unzerstörliche und (qualitativ) wandelbare Objekte.«

Wie können wir aber wissen, ob c $=$ e ist; da doch c und e qualitativ verschieden sind. Offenbar nur, weil c verschwindet, wenn e entsteht. So setzen wir 425 Mk. gleich oder vielmehr gleichwertig 1 Cal.; weil durch Verschwinden der ersteren die letztere entsteht. Mayer's Schluss kommt also auf den Zirkel hinaus: weil die Ursache c gleich der Wirkung e ist, verschwindet c, wenn e entsteht; und weil die Ursache c verschwindet, wenn die Wirkung e entsteht, ist c $=$ e.

Einen logischen Beweis seiner Formulirung des Kausalgesetzes hat somit Mayer in seinen vorstehenden Sätzen nicht gegeben.

Ebenso wenig aber konnte er sie als einen empirisch begründeten Satz aufstellen. Allerdings wusste man, als er schrieb, dass z. B. beim Erhitzen von Wasser Wärme verschwindet; aber man nahm an, dieselbe sei nur für die Wahrnehmung verschwunden und im Wasser latent enthalten. Die Behauptung, dass zu jeder zunehmenden Zustandsänderung eine abnehmende gehört, und dass beide in konstantem Verhältniss zu einander stehen, war also erst zu erweisen.

Mayer ist demnach von einer logischen Hypothese ausgegangen, die sich aber, wie ich denke, beweisen lässt;

doch sind dazu weitergehende logische Erörterungen nothwendig, worauf ich hier nicht eingehen will.[1])

Leicht zu beweisen ist dagegen der allgemeinere darin
enthaltene Satz, dass die Ursache jeder Zustandsänderung
wiederum eine Zustandsänderung ist, und dass beide
Aenderungen in einem konstanten Grössenverhältnisse zu
einander stehen.

Denn erstens kann offenbar die Ursache einer zeitlichen
Aenderung wiederum nur eine zeitliche Aenderung sein; weil
eine allezeit gleiche Ursache gar keinen hinreichenden Grund
dafür geben würde, dass eine zeitliche Aenderung in einem
bestimmten Momente eintritt, und zweitens muss das Grössenverhältniss zwischen Ursache und Wirkung konstant sein;
weil wiederum für die Ungleichheit der Wirkungen bei genau
gleichen Ursachen kein hinreichender Grund anzugeben wäre.

Es entsteht nun die Frage, ob Mayer's logische Hypothese als solche berechtigt war.

Stellt man sich auf einen roh empiristischen Standpunkt, so wird man jede allgemeine Hypothese gelten lassen,
die sich zur Ordnung der bekannten und zur Auffindung
neuer Thatsachen nützlich erweist. Aber bei einer etwas
höheren Auffassung der Wissenschaft werden wir Hypothesen,
die wir als metaphysisch erkennen, in keinem Falle dulden,
mögen sie vorläufig auch noch so brauchbar sein: denn sie
widersprechen den Prinzipien aller wahren Naturerkenntniss.

Bevor wir uns also weiter auf Mayer's Gedankengang einlassen, müssen wir untersuchen, ob er uns nicht etwa
in das Gebiet der Metaphysik hinüber zu locken sucht, und
wir sind hierzu um so mehr genöthigt, da von Helmholtz
es für gut befunden hat, ihm ein »Liebäugeln mit der Metaphysik«[2]) vorzuwerfen.

Es ist übrigens sehr leicht, über diesen Punkt ins Reine
zu kommen.

---

[1]) Ihre logische Begründung in kurzer vorläufiger Form habe ich
versucht in meiner Schrift »Ueber den Beweis des Prinzips von d. Erhaltung
d. Energie«. Mayer u. Müller. Berlin, 1891.

[2]) v. Helmholtz, Vorträge u. Reden. Braunschweig 1889, S. 69,
Z. 6 v. u. ff.

Mayer's Auslegung des Kausalgesetzes bezieht sich auf die erscheinende Natur. Jedes Werden in ihr ist, wie er behauptet, mit einem Vergehen verbunden, und beide sollen von gleicher Grösse sein. Diese Meinung mag noch nähere Angaben bedürfen, um bestimmt zu sein, sie mag überhaupt wahr oder falsch sein; aber metaphysisch ist sie doch sicherlich nicht. Wir sehen z. B., dass ein Gewicht gehoben werden kann, indem ein anderes sinkt, d. h. der Abstand des einen Gewichtes vom Erdmittelpunkte nimmt zu, während der andere abnimmt; oder das Gewiaht kann auch gehoben werden, indem Wärme, z. B. zum Heizen einer Dampfmaschine verbraucht wird.

In beiden Fällen bemerken wir ferner, dass die Hebung des einen Gewichtes um so grösser ist, je tiefer das andere fällt, oder je mehr Wärme verbraucht wird. Wenn wir nun aus diesen und anderen Versuchen schliessen, die Zunahme der Erhebung eines Gewichtes sei mit einer ihr gleichen Abnahme eines anderen Zustandes nothwendig verbunden, und wenn wir ferner auf Grund sehr verschiedenartiger Beobachtungen ganz allgemein schliessen, jede Zunahme eines Zustandes sei mit einer ihr gleichen Abnahme eines anderen verbunden, und diesen Zusammenhang als Kausalität bezeichnen, so mag die Induktion ja unvollständig und die Bezeichnung ungeeignet sein, man mag überhaupt Vieles gegen sie einwenden können;[1] aber von einem »Liebäugeln mit der Metaphysik« ist doch ganz und garnichts darin zu entdecken.

Kein Naturforscher war wohl auch freier von Metaphysik als Robert Mayer. Jedem, der seine Schriften unbefangen liest, muss klar werden, dass das Prinzip seiner Naturauffassung darin besteht, Thatsachen durch Thatsachen zu erklären, wie er auch an verschiedenen Stellen seiner Schriften ausdrücklich hervorhebt. Um sich davon zu überzeugen, brauchte von Helmholtz nur die ersten Seiten der »Bemerkungen über das mechanische Aequivalent der Wärme« durchzusehen; da konnte er gleich Folgendes lesen:

»Die Regel, nach welcher verfahren werden musste, um die Fundamente der Naturkunde in der

[1] M. vergl. weiter u. S. 19 ff.

denkbar kürzesten Zeit zu legen, lässt sich in wenige
Worte fassen. Es müssen nämlich die nächstliegenden
und häufigsten Naturerscheinungen mittels der Sinnes-
werkzeuge einer sorgfältigen Untersuchung unter-
worfen werden, die so lange fortzuführen ist, bis aus
ihr Grössenbestimmungen, die sich durch Zahlen
ausdrücken lassen, hervorgegangen sind.

Diese Zahlen sind die gesuchten Fundamente einer exakten Naturforschung.«[1])

Dieser eine Ausspruch sei für mehrere ähnliche hier-
her gesetzt.

In dem über von Helmholtz handelnden Abschnitte
werden wir übrigens sehen, dass er selbst es nicht bei einem
einem blossen »Flirt« mit der Metaphysik hat bewenden
lassen, sondern Zeit seines Lebens zu ihr in sehr intimen
Beziehungen gestanden hat.

Also Mayer's Auslegung des Kausalgesetzes ist nicht
metaphysisch; ihre weitere Entwickelung ist vielmehr das
sicherste Mittel, um die Metaphysik aus der Naturwissenschaft,
in der sie noch immer wuchert, zu vertilgen, und eine so
feste Verbindung zwischen Logik und Naturerkenntniss her-
zustellen, wie sie nie zuvor bestanden hat.

Denn, wenn wir erkennen, dass jede Erscheinung durch
eine Erscheinung verursacht wird, und eine Erscheinung zur
Wirkung hat, so kann es uns nicht beifallen, über die »letzten
Ursachen« der unendlichen Ketten der Erscheinungen und
über das, was »hinter den Erscheinungen steht«, metaphysische Untersuchungen anzustellen, wie wir sie bei von
Helmholtz antreffen werden.

Und wenn wir weiter erkennen, dass die kausal mit
einander verbundenen Erscheinungen in einem konstanten
Grössenverhältnisse zu einander stehen, so vermögen wir die
Ursache eines gegebenen Vorganges zu begrenzen, und so
das Kausalgesetz für die Naturerkenntniss wirklich nutzbar
zu machen, während es früher in ihr eine zwar hochgeehrte
im Grunde aber ganz einflusslose Stellung einnahm.

Zur richtigen Würdigung von Mayer's Auslegung des
Kausalgesetzes wird es beitragen, wenn wir sie mit

---

[1]) S. 237. a. E.

Aeusserungen einiger anderer Forscher über dasselbe Problem
vergleichen.

Schopenhauer schreibt in seiner Abhandlung »Ueber
die vierfache Wurzel des Satzes vom zureichenden Grunde«,
deren erste Auflage im Jahre 1847, also etwa fünf Jahre
nach Mayer's »Bemerkungen« erschien, Folgendes:[1])

> »Wenn ein neuer Zustand eines oder mehrerer
> realer Objekte eintritt, so muss ihm ein anderer
> vorhergegangen sein, auf welchen der neue regel-
> mässig, d. h. allemal, so oft der erstere da ist, folgt.
> Ein solches Folgen heisst ein Erfolgen und der
> erstere Zustand die Ursache, der zweite die Wirkung.
> Wenn sich z. B. ein Körper entzündet, so muss
> diesem Zustande des Brennens vorhergegangen sein
> ein Zustand 1. der Verwandtschaft zum Oxygen,
> 2. der Berührung mit dem Oxygen, 3. einer be-
> stimmten Temperatur. Da, sobald dieser Zustand
> vorhanden war, die Entzündung unmittelbar erfolgen
> musste, diese aber erst jetzt erfolgt ist, so kann auch
> jener Zustand nicht immer da gewesen, sondern muss
> erst jetzt eingetreten sein. Dieser Eintritt heisst eine
> Veränderung. Daher steht das Gesetz der Kausalität
> in ausschliesslicher Beziehung auf Veränderungen
> und hat es stets nur mit diesen zu thun. Jede
> Wirkung ist, bei ihrem Eintritt, eine Veränderung
> und giebt, eben weil sie nicht schon früher ein-
> getreten, unfehlbare Anweisung auf eine andere, ihr
> vorhergegangene Veränderung, welche, in Beziehung
> auf sie, Ursache, in Beziehung auf eine dritte, ihr
> selbst wieder nothwendig vorhergegangene Ver-
> änderung aber Wirkung heisst. Dies ist die Kette
> der Kausalität: sie ist nothwendig anfangslos.«

Schopenhauer kommt also mit Mayer darin überein,
dass die Ursache einer Zustandsänderung wiederum eine
Zustandsänderung sein muss; aber er lässt die quantitative
Beziehung zwischen Ursache und Wirkung unberücksichtigt,

---

[1]) Dritte Aufl. von J. Fraunstädt. Leipzig, Brockhaus, 1864,.
S. 34, Z. 9 v. o. ff.

wodurch seine Bestimmung des kausalen Zusammenhanges für die Erkenntniss des von ihm betrachteten Vorganges werthlos wird.

Da die Verbrennung eine Zustandsänderung ist, musste er nach dem von ihm selbst bezüglich der Kausalität Festgesetzten, streng genommen, nicht die unter 1—3 aufgeführten Zustände, sondern deren Aenderungen als Ursache des genannten Vorganges bezeichnen.

Wenn also z. B. ein Kilo Wasserstoff in Sauerstoff verbrennt, so soll die Ursache davon sein:

1. die Aenderung der Verwandtschaft zwischen Wasserstoff und Sauerstoff, 2. die Aenderung ihrer gegenseitigen Entfernung, 3. die Aenderung ihrer Temperatur.

Sind diese drei Aenderungen die vollständige Ursache der Verbrennung, so muss letztere immer, wenn erstere in gleicher Weise und in gleicher Grösse vorhanden sind, auch in gleicher Weise und Stärke erfolgen, und umgekehrt; denn es würde jeder zureichende Grund dafür fehlen, wenn gleiche Ursachen ungleiche Wirkungen oder gleiche Wirkungen ungleiche Ursachen hätten.

Wir wissen aber, dass die Verbrennung des Wasserstoffs oberhalb einer gewissen Grenze bei verschiedenen Temperaturen ganz in derselben Weise erfolgt.

Ebenso ist sie in gewissen Grenzen auch von der Dichte beider Gase unabhängig. Mit letzterer aber muss sich die Innigkeit ihrer gegenseitigen Berührung ändern; denn je geringer die Dichte ist, desto geringer ist die in einem Raumelemente enthaltene Masse.

Also kann sich der Ursachenkomplex 1—3 sehr wesentlich ändern, ohne dass sich die Wirkung ändert; derselbe kann folglich nicht deren vollständige Ursache darstellen, sondern muss mehr oder weniger enthalten, als für sie nothwendig ist.

Die Kausalität des betrachteten Vorganges wird demnach durch Schopenhauer nicht befriedigend bestimmt. Hierzu kommt noch, dass er von der chemischen Kraft schreibt:

»Jede ächte, also wirklich ursprüngliche Naturkraft aber, wozu auch jede chemische Grundeigenschaft gehört, ist wesentlich qualitas occulta, d. h. keiner physischen Erklärung weiter fähig, sondern nur noch einer metaphysischen, d. h. über die Erscheinung hinausgehenden. Jene Verwechselung, oder vielmehr Identifikation, der Naturkraft mit der Ursache hat nun aber keiner so weit getrieben. wie[1] u. s. w. . . . .«

Hiernach sind die chemischen Grundeigenschaften Kräfte, nicht Ursachen, wogegen oben die chemische Verwandtschaft unter den Ursachen der Verbrennung aufgeführt wurde: also wäre die chemische Verwandtschaft keine chemische Grundeigenschaft oder Kraft! Das ist vollständige Begriffsverwirrung. Wenn Schopenhauer wenigstens hätte sagen wollen, was er sich unter chemischer Verwandtschaft denkt; doch davon erfährt man nichts. Da ist denn doch die Art, wie der logisch ungeschulte R. Mayer die Kausalität auslegt, vorzuziehen.

Danach wäre die Ursache des betrachteten Vorganges in folgender Weise zu bestimmen.

Die Verbrennung ist ein zusammengesetzter Vorgang, wobei verschiedene Erscheinungen, wie Wärme- und Lichtwirkungen mit einander verbunden sind; wir würden also deren Ursachen gesondert untersuchen. Betrachten wir z. B. die dabei erfolgende Wärmeentwickelung, so steht mit ihr allein die Aenderung der chemischen Energie in einem bestimmten quantitativen Verhältnisse; diese allein würde demnach auch im Sinne Mayer's als Ursache der Verbrennungswärme zu bezeichnen sein.

Nun muss man freilich fragen, woher denn die Aenderung der chemischen Energie in einem bestimmten Momente erfolgt; worauf mit Mayer zu antworten wäre: durch »Auslösung«,[2] d. h. durch eine Energie, die zur Aufhebung des chemischen Gleichgewichts nothwendig ist, die daher von dessen Stabilität und nicht von dem Betrage der Verbrennungswärme abhängt.

Im vorliegenden Beispiele würde die Auslösung durch die Temperaturänderung und gegenseitige Berührung der beiden Körper bewirkt. Auslösend wirkt eine Energie auf

---

[1] a. a. O. S. 46, Z. 16 v. o. ff.
[2] M. vergl. dessen Aufsatz über Auslösung, worin er jedoch hauptsächlich physiologische Vorgänge berücksichtigt.

ein Körpersystem, wenn sie darin innere Energie freimacht, wie z. B. die Energie, die ein gehobenes Gewicht zum Fallen bringt.

Bezeichnet man sämmtliche Aenderungen, die nothwendig und hinreichend sind, damit eine gewisse Aenderung eintritt, als die vollständige Ursache der letzteren, so würde die vollständige Ursache eines mit Auslösung verbundenen Vorganges aus der Ursache der frei werdenden inneren Energie und aus der Ursache der Aufhebung des Gleichgewichtes bestehen. Ist das Gleichgewicht wenig stabil, und die auslösende Energie somit nur sehr gering, wie bei den Vorgängen, die im engeren Sinne als Auslösungen bezeichnet werden, so kann sie unter Umständen unberücksichtigt bleiben, und man betrachtet das Freiwerden der inneren Energie als den gesammten Vorgang.

Im vorliegenden Falle besteht also die vollständige Wirkung der Aenderung in der chemischen Energie und der Auslösungsenergie in der Wärmeentwicklung und der Arbeit gegen das chemische Gleichgewicht, und es sind die beiden Theile der Wirkung den beiden Theilen der Ursache bezw. gleichwerthig.

Die auslösende Energie bedarf nun wiederum einer Ursache u. s. f.; alle diese Vorgänge würden sich zu der frei werdenden inneren Energie, im vorliegenden Falle also zur Wärmeentwickelung, als entferntere Auslösungen verhalten. So entstehen zwei verschiedene kausale Ketten, die der inneren Energie und die der Auslösung, die sich gleichsam in einem Punkte kreuzen, in deren jeder aber das Gesetz der Gleichwerthigkeit von Ursache und Wirkung gilt. Mayer's Auffassung der Kausalität ermöglicht hiernach, wenn sie auch noch sehr der Entwickelung bedarf, doch bereits eine geordnetere Betrachtung der Naturvorgänge als z. B. diejenige Schopenhauer's.

Auch St. Mill weiss über die Kausalität nur so unbestimmte Angaben zu machen, wie die folgende:

»Wissenschaftlich gesprochen, besteht also die Ursache aus der Summe der positiven und negativen Bedingungen, aus dem Ganzen von Ereignissen jeder Art, denen die Wirkung unveränderlich folgt, wenn sie realisirt werden.«[1])

Solche Aeusserungen sind offenbar für die positive Natur-erkenntniss ganz unfruchtbar. Schliesslich sei noch Herrn Wundt's Meinung erwähnt.

Nach ihm lautet die »rein phänomenologische Formel« des Kausalgesetzes wie folgt:

>Jedes Geschehen steht mit einem andern Geschehen in einem unabänderlichen Zusammenhange.«[2])

Hierin wird also auch eine Aenderung nur mit Aenderungen kausal verbunden; jedoch sehr viel unbestimmter als von Mayer.

Als Beispiel einer Kausalverbindung führt Herr Wundt aber dann die Gleichung zwischen Arbeit und lebendiger Kraft an;[3]) ganz in Uebereinstimmung mit dessen Vorstellungen, wie wir alsbald sehen werden.

Um Einsicht in Mayer's Theorie zu erhalten, müssen wir noch kurz den zeitlichen Zusammenhang von Ursache und Wirkung erörtern.

Jede Wirkung X muss mit einem Vorgange A, der ihre vollständige Ursache ist, zeitlich so zusammenhängen, dass die verschwindend kleinen successiven Aenderungen von X und die ihnen gleichwerthigen von A entweder gleichzeitig oder zu unendlich wenig von einander verschiedenen Zeiten erfolgen: ist also irgend ein endlicher Theil von A ver-schwunden, so muss auch, bis auf ein unendlich kleines Inter-vall, gleichzeitig der ihm gleichwerthige Theil von X vor-handen sein.

Denn die zeitliche Fernwirkung ist ein Unding, ebenso wie die räumliche. Mit letzterer werden wir uns weiter unten zu beschäftigen haben; um den Widersinn der ersteren zu erkennen, braucht man nur zu berücksichtigen, dass ein Körper, der wirkt, für uns eben existirt, da wir gar kein anderes Mittel haben, sein Dasein zu erkennen, als seine Wirkungen, und aus letzteren auf das Vorhandensein eines Wirkenden schliessen. Wenn

---

[1] System d. Logik übers. v. Schiel, Braunschweig 1862. S. 393.

[2] W. Wundt, Die physikalischen Axiome. Erlangen. F. Enke. 1866. S. 97.

[3] a. a. O. S. 103. Z. 5 v. u.

z. B. ein Körper andere erwärmt, so nehmen wir ihn wahr
als warm, und er ist für uns da. Besteht also die Wirkung X
in der Erwärmung eines Körpers, und A ist die Ursache
davon, so nehmen wir A zu derselben Zeit, da die Erwärmung
X erfolgt, als warm wahr. Aendert sich die Erwärmung
nicht mehr und der Körper A hätte gar keine andere Wirkung als diese, so würde er für unsere Wahrnehmung verschwinden. Analoges gilt offenbar auch für die Zustandsänderungen anderer Art.

Um Missverständnissen zu begegnen, sind jedoch zwei
Punkte hervorzuheben.

Erstens gilt Vorstehendes nur für die unmittelbare Ursache einer Wirkung oder mit anderen Worten, es muss mit
jedem Vorgange gleichzeitig ein anderer erfolgen, der den
Bedingungen einer vollständigen Ursache des ersteren genügt,
und dann seine unmittelbare Ursache heisst. Wird nun z. B.
ein Metallstab an einem Ende durch eine Flamme erwärmt,
so ist deren Wärmeentwickelung nur für die Erwärmung derjenigen Metalltheile, die sie berührt, unmittelbare Ursache;
dagegen wird die Erwärmung der im Inneren des Stabes
liegenden Theilchen durch die Wärme der sie berührenden
unmittelbar verursacht.

Zweitens sind nach Mayer Ursache und Wirkung
Aenderungen; die Wärme von X ist also nur so lange sie
sich ändert, Wirkung von A und ein darauf folgendes Wärme-
gleichgewicht gehört nicht mehr zu dem kausalen Zusammenhange (A, X).

Die Zustandsänderung A als Ursache und die Zustandsänderung X als Wirkung bilden somit zwei unmittelbar
zusammenhängende Glieder einer kausalen Kette: geht X in
ein Gleichgewicht über, so ist die Kette vorläufig zu Ende.

Nach Mayer soll aber jede Kette unendlich sein, die
Wirkung X muss somit einmal Ursache werden; bestand X
z. B. in einer Erwärmung, so muss sich der erwärmte Körper
einmal abkühlen.

Da alle Zustände veränderlich sind, wird man zugeben,
dass diese Bedingung irgend einmal erfüllt wird. Wie lange
das Gleichgewicht, in das die Wirkung X übergegangen ist, andauert, kommt dabei nicht in Betracht: für zwei unmittelbar

zusammenhängende Glieder (A X) einer kausalen Kette ist
Gleichzeitigkeit nothwendig; nicht aber für deren Anschluss
an ein drittes Glied Y, der dadurch vermittelt wird, dass die
Wirkung X sich in eine Ursache verwandelt. Die Fortsetzung
der kausalen Kette (A, X) wird bewirkt, indem sie sich mit
einer anderen Kette kreuzt, wobei innere Energie frei werden,
d. h. Auslösung erfolgen kann, oder auch nicht. Die Gleich-
gewichtszustände, die bis zur Fortsetzung einer Kette andauern,
gehören nicht in sie hinein; sie sind für die Kausalität indifferent.
Ganz analog ist selbstverständlich auch die Kausalität von A
und dessen Ursache zu erörtern u. s. f.

Vorstehende Bestimmungen über die Kausalität ergeben
sich aus Mayer's Aphorismen; ihre weitere Ausführung be-
halte ich mir für einen anderen Ort vor.

Derselbe unterscheidet dann zwei Arten von Ursachen.
Materien und Kräfte.[1] Was unter »Kraft« zu verstehen ist,
giebt er zunächst nicht an; später erfahren wir jedoch, dass
der Ausdruck im Sinne von Energie zu nehmen ist.

Diese Unterscheidung ist nun jedenfalls nicht haltbar:
eine wirkende Materie ist »Kraft« im Sinne Mayer's, d. h.
Energie; eine Materie, die wirkt und nicht Energie ist, ist ein
Unding. Mayer ist zu seiner Einteilung der Ursachen wahrscheinlich durch seine Vorstellungen über die chemischen Vorgänge verleitet worden, auf die ich weiter unten eingehen werde.

Die Kräfte bezeichnet er auch als Imponderabilien, woraus
jedoch nicht gefolgert werden darf, dass er sie für Stoffe
hielt, sondern er bequemt sich nur dem damaligen Sprach-
gebrauch an: eine Kraftintensität ist eben auch ein Im-
ponderabile.[2]

---

[1] Bemerkungen, S. 24, Z. 15 v. o. ff. und in demselben Sinne, wenn
auch nicht so deutlich in Org. Bewegung, S. 48, Z. 15 v. o. ff.

[2] Mech. d. W., S. 266, Z. 17 v. u. ff.: »Inzwischen geht wenigstens
so viel aus dem Bisherigen hervor, dass es keine spezifischen Fluida sind,
denen die Erscheinungen der Wärme, der Elektrizität und des Magnetismus
ihr Dasein verdanken und es wird somit die schon vor einem halben Jahr-
hundert von Rumford behauptete Inmaterialität der Wärme durch die Auffindung des mechanischen Wärmeäquivalentes derselben zur Gewissheit.

Mechanische Vorgänge.

Gleichung zwischen Arbeit und lebendiger Kraft. — Das wahre Kausalverhältniss bei der Hebung und Senkung eines Gewichtes. — Kausalität
und logischer Grund. — Energieübertragung. — Die Schwere keine Ursache:
R. Mayer, Schopenhauer. — Einzelne Bemerkungen. — Rückblick.

R. Mayer wendet seine Auffassung der Kausalität zuerst
auf die rein mechanischen Vorgänge an.

»Gewichtserhebung ist Bewegungsursache, ist
Kraft.«

«Diese Kraft erzeugt die Fallbewegung, wir
nennen sie Fallkraft.«

»Wird eine Fallkraft in Bewegung, oder eine Bewegung in Fallkraft verwandelt, so bleibt die gegebene Kraft oder der mechanische Effekt eine
konstante Grösse. Dieses Gesetz, eine spezielle
Anwendung des Axioms der Unzerstörlichkeit der
Kraft, wird in der Mechanik unter dem Namen
Prinzip der Erhaltung lebendiger Kräfte aufgeführt.«[1]

Gegen diese Aussprüche sind aber doch Einwendungen
zu erheben.

Unser Autor ging von dem Satze aus, dass in der
Natur jedes Vergehen mit einem Werden kausal verbunden
ist. Das war also eine Bestimmung des realen Grundes der
Erscheinungen, die wir auf die Hebung und den Fall eines
Gewichtes anwenden können, insofern wir an einen be-
stimmten realen Vorgang denken.

---

[1] Organ. Bewegung. S. 50.

2*

Nun aber setzt er an Stelle des konkreten fallenden Körpers die abstrakten mechanischen Begriffe der lebendigen Kraft und Arbeit, und nimmt stillschweigend an, dass die Gleichung zwischen ihnen den realen kausalen Zusammenhang in mechanischer Beziehung darstelle.

Aber ausser lebendiger Kraft und Arbeit lassen sich auch andere ebenso allgemeine Funktionen bilden, die die Hebung und Senkung eines Gewichtes mit derselben Genauigkeit darstellen wie jene.

Man könnte z. B. eine Gleichung $m v^2 = 2 m g h$ oder $m v = m \sqrt{2 g h}$ bilden; warum wird nun gerade die Gleichung $\frac{1}{2} m v^2 = m g h$ gewählt?

Zur Begründung ihrer Wahl wäre zu sagen: weil sie besonders zweckmässig ist; aber dieser Grund genügt doch nicht für das Fundament der Energetik.

Hier liegt in der That eine Lücke vor. Die Grundgleichung der ganzen Energetik scheint gewissermassen willkürlich oder mit Rücksicht auf praktische Zwecke aus der Schaar der möglichen Gleichungen herausgegriffen zu sein.

Diese Gleichung entspricht ferner garnicht den Bedingungen, die Mayer selbst an die Kausalität und deren Darstellung macht.

Ursache und Wirkung sollen quantitativ gleich, qualitativ verschieden sein, oder besser: sie sollen in einem konstanten Grössenverhältnisse zu einander stehen. Letzteres kommt in der Gleichung, die ein solches Kausalverhältniss darstellt, durch eine Verwandlungskonstante, wie das mechanische Wärmeäquivalent, zum Ausdruck, die das Verhältniss zwischen den Einheiten zweier verschiedener Energieformen angiebt. Eine solche Konstante ist aber in der Gleichung $\frac{1}{2} m v^2 = m g h$ nicht vorhanden.

Mayer glaubt sie allerdings in der Beschleunigung g zu finden, was jedoch nicht richtig ist[1]): denn erstens ist g

---

[1]) Bemerkungen über d. mechanische Aequivalent der Wärme, S. 250, Z, 13 v. o. ff.: Um nun diese beiden Objekte, die gehobene und die bewegte Last, welche keine gemeinschaftliche Massbestimmung gestatten, auf einander zu reduziren, dazu ist jene konstante Zahl nöthig, die man all-

streng genommen keine Konstante, während eine Aequivalenzzahl unbedingt konstant sein muss, und zweitens hat es nicht
die Dimensionen einer Energie, wie sie eine Verwandlungskonstante haben muss.

Die obige Gleichung gilt unter der Voraussetzung, dass
$v = \sqrt{2\,g\,h}$ ist, und ist alsdann eine Identität. Aber die
letzte Gleichung bezieht sich offenbar garnicht auf zwei
verschiedene Vorgänge; sondern sie drückt die Geschwindigkeit, die ein fallender Körper in einem Moment hat, durch
eine Funktion seines Abstandes von der Erdoberfläche aus.

Wir haben also nur einen Vorgang, nämlich den Fall
eines Körpers: an diesem wird einmal seine Geschwindigkeit,
und dann sein Abstand von der Erdoberfläche bestimmt,
und beide werden durch die vorstehende Gleichung in Beziehung zu einander gebracht.

Somit kann auch die Gleichung zwischen Arbeit und
lebendiger Kraft, die aus der vorstehenden durch Erheben
ins Quadrat und Multiplikation mit einer Konstanten, d. h.
also durch rein algebraische Operationen folgt, sich nicht
auf zwei verschiedene Vorgänge beziehen.

Wir wollen nun die genannte Gleichung auch analytisch
darstellen.

Es seien V_1 und V_2 der Anfangs- und Endwerth, den
das Gravitationspotential einer Masse m besitzt, die wir in
ihrem Schwerpunkte enthalten annehmen, wenn sie auf die
Höhe (1,2) gehoben wird, und W_1 und W_2 die dazu gehörigen Werthe der lebendigen Kraft. Dann erhält die
Gleichung zwischen Arbeit und lebendiger Kraft die Form
$$W_1 - W_2 = V_2 - V_1 \quad . \quad . \quad . \quad . \quad (1),$$
die leicht in die elementare Form überzuführen ist.

Denn bezeichnet r_1 den Radius, M die Masse der Erde,
so ist ihre sogenannte beschleunigende Kraft $\dfrac{M}{r^2}$; und da
dieser Ausdruck für geringe Erhebungen von der Erdoberfläche konstant gleich g gesetzt werden kann, erhält für die-

gemein mit g bezeichnet; mit dieser Zahl ist aber das mechanische Aequivalent der Wärme, durch welches das zwischen der Wärme und der Bewegung bestehende Verhältniss bestimmt wird, in eine und dieselbe Begriffs-
kategorie bringen.

selben das Potential die Form $V = \dfrac{M}{r^2} \int d\,r$: folglich ist die Arbeit, wenn die Masse m auf die Höhe $r_2 - r_1 = h$ gehoben wird, $V_2 - V_1 = m\,g\,h$.

In der Gleichung (1) stellt die rechte Seite die Aenderung dar, die das Potential erleidet, wenn m die Strecke (1,2) durchfällt, und die linke die Aenderung der lebendigen Kraft für denselben Vorgang. Beide Seiten der Gleichung beziehen sich also auf ein und dieselbe Bewegung des Körpers, und stellen beide die Aenderung seiner aktuellen Energie, die er dabei erleidet, dar; aber in zwei verschiedenen Formen: die linke durch eine Funktion seiner Geschwindigkeit, die rechte durch eine Funktion des von ihm zurückgelegten Weges.

In dieser Gleichung hätte somit eine Verwandlungskonstante gar keine Stelle: denn sie enthält nicht verschiedene Energieformen, sondern nur verschiedene Darstellungsformen ein und derselben Energieform.

Dasselbe gilt also auch für die elementare Form der Gleichung (1); der Ausdruck m g h bezieht sich demnach nicht auf eine ruhende gehobene Masse, sondern auf die Hebung einer Masse.

Gehen wir zu unbestimmten Integralen über, so erhalten wir den Ausdruck

$$W + V = \text{Const.} \quad . \quad . \quad . \quad (2)$$

Diese Gleichung giebt den mechanischen Zustand des Körpers für einen einzelnen Moment an. Sie stellt daher eigentlich auch keine Energiegrössen, sondern nur die Funktionen dar, deren Aenderungen erst die Energie sind.

Wird die Gleichung (2) als Ausdruck der Energie betrachtet, so entsteht der seltsame Widerspruch, dass man, da ihre Konstante willkürlich ist, die Energie eines Körpersystemes beliebig gross annehmen kann, während die Erhaltung der Energie als oberstes Naturgesetz ausgegeben wird. Denn zu sagen, die Konstante habe einen bestimmten Werth, den wir nur nicht kennen, wäre eine leere Ausflucht, da wir sie jedenfalls willkührlich bestimmen können. Dieser Widerspruch fällt fort, wenn wir uns daran erinnern, dass eben Energie eine Zustandsänderung ist, und sie somit nicht durch die Gleichung (2), sondern durch die Gleichung (1) dargestellt wird. Der »potentielle«, durch die Funktion V dargestellte Zustand entspricht der oben erwähnten Unterbrechung der kausalen Kette, die aber nur zeitweilig sein kann.

Die Gleichung (1) drückt eine zwischen zwei Momenten liegende Zustandsänderung aus; in dieser Beziehung entspricht sie also den Bedingungen die Mayer an eine Kausalverbindung stellt; aber es fehlen ihr die beiden dafür von ihm geforderten, qualitativ verschiedenen Zustandsänderungen, von denen die eine sich in die andere verwandelt.

Es tritt uns also bei der Anwendung seiner Kausalvorstellungen auf die mechanischen Vorgänge eine wesentliche Schwierigkeit entgegen, und es ist daher zu untersuchen, worin denn bei der Hebung und Senkung eines Gewichtes der Kausalzusammenhang besteht.

Zu dem Zwecke schicke ich einige Bemerkungen über die Uebertragung des Kausalverhältnisses von den realen Erscheinungen auf die aus ihnen entnommenen Abstrakta voraus.

Ein realer Grund kommt nur den realen Zustandsänderungen zu. Sondern wir aus ihnen einzelne Merkmale aus, so erhalten wir abstrakte Aenderungen: sollen zwei derselben als Grund und Folge mit einander verbunden sein, so müssen sie beide jedenfalls die realen Zustandsänderungen, woraus sie entnommen sind, mit dem gleichen Grad von Vollständigkeit beschreiben. Mit anderen Worten: wenn wir aus einer realen Ursache ein Merkmal absondern, so müssen wir auch aus ihrer Wirkung ein dem aus der Ursache abgesonderten gleichwerthiges Merkmal entnehmen; fahren wir so fort, so werden die von Wirkung und Ursache übrig bleibenden Abstrakta als Grund und Folge mit einander zu verbinden sein, nach dem Satze: Gleiches von Gleichem abgezogen giebt Gleiches.

Werden z. B. aus den beiden realen Vorgängen, die in der Hebung und Senkung eines konkreten Körpers bestehen, alle Merkmale ausser Gewicht, zurückgelegter Weg und Geschwindigkeit abgeschieden, so müssen die genannten beiden Vorgänge, insofern sie nur von Gewicht und Bewegung abhängen, in den zwei abstrakten Ausdrücken, die als Grund und Folge mit einander verbunden sein sollen, mit gleicher Vollständigkeit enthalten sein.

Dieser Bedingung genügt aber die Gleichung zwischen Arbeit und lebendiger Kraft nicht. Die lebendige Kraft drückt drückt in mechanischer Beziehung vollständig einen realen Vorgang aus: sie kann auf einen solchen ohne Weiteres angewendet werden. Der Ausdruck der Arbeit dagegen ist nur eine theoretische Grenze; da jede wirkliche Arbeit mit endlicher Geschwindigkeit erfolgt, während die Arbeit in der genannten Gleichung unendlich langsam angenommen ist.

Zur Feststellung der Kausalität ist somit die lebendige Kraft bei der Hebung des Gewichtes zu berücksichtigen.

Der Körper M werde auf die Höhe (1,2) mit gleichmässiger Geschwindigkeit gehoben, und besitze dadurch die lebendige Kraft p, die sich bei einer Senkung oder auch vorher in den äquivalenten Werth einer anderen Energieform, z. B. in die Wärme q umsetze, alsdann erhält die Gleichung (1), wenn $\frac{1}{A}$ das mechanische Wärmeäquivalent bedeutet, die Gestalt

$$V_2 - V_1 + p = W_1 - W_2 + \frac{1}{A} q. \qquad (3)$$

Diese Gleichung zerfällt in die beiden Gleichungen

$$V_2 - V_1 = W_1 - W_2 \text{ und } p = \frac{1}{A} q,$$

von denen die erste, wie gezeigt wurde, kein Kausalverhältniss darstellt; dagegen bezeichnet die zweite eine Energieverwandlung, wie sie zur Kausalität nach Mayer's Auffassung nothwendig ist.

Sind also ausser der Uebertragung der Energie p und der Einwirkung des anziehenden Körpers alle äusseren Einwirkungen von M ausgeschlossen, so wird in der Energieverwandlung $p = \frac{1}{A} q$ der kausale Zusammenhang der beiden betrachteten Vorgänge dargestellt sein.

Zu demselben Resultate gelangt man auch durch folgende Erwägungen.

Ein Körper kann nicht auf sich selbst wirken, wobei selbstverständlich verschiedene Körpertheile nöthigenfalls verschiedene Körper aufzufassen sind. Diese Bedingung wird ausgedrückt, wenn man sagt: ein Körperelement kann nicht auf sich selbst wirken, oder, mit Vermeidung unendlich kleiner Grössen, der wirkende und die Wirkung erleidende Körper können nicht gleichzeitig genau ein und denselben Raum einnehmen.

Ursächliche Energie muss also von einem Körper auf einen anderen übertragen werden, indem sie sich in die gewirkte Energie verwandelt.

Das geschieht bei der Energieverwandlung $p = \dfrac{1}{A} q$ nicht aber in der Gleichung (1), worin gar keine Energieübertragung dargestellt ist.

Zum Beweise betrachte ich gleich den allgemeinen Fall, dass zwei Körper M, M' sich beide unter Aenderung ihrer gegenseitigen Kräfte bewegen, indem sie von allen Einwirkungen dritter Körper isolirt sind, und die inneren Kräfte in jedem konstant bleiben. Bezeichnet W die lebendige Kraft von M, W' die von M', V ihr gegenseitiges Potential, so ist ein Element des angenommenen Vorganges gegeben durch die Gleichung

$$d\,W + d\,W' + d\,V = 0.$$

Das Differenzial d V zerfällt in zwei Theile, der eine ist nach den Koordinaten von M, der andere nach denen von M' differenzirt. Bezeichnet man den ersten mit $d\,V_m$, den zweiten mit $d\,V_{m'}$, und berücksichtigt, dass die vorstehende Gleichung eine Identität ist, so erhält man demnach aus ihr zwei Gleichungen

$$d\,W + d\,V_m = 0, \quad \text{und} \quad d\,W' + d\,V_{m'} = 0,$$

die bezw. die Aenderungen der Energie von M und M' darstellen; da sie Null sind, findet keine Energieübertragung statt.[1])

Als Mayer schrieb, glaubte man die Ursache des Falles der Körper in der sogenannten Schwerkraft zu finden, und überhaupt wurden, wie auch jetzt noch häufig, Fernkräfte,

---

[1]) Bezüglich der Energieübertragung vergl. m. Th. Gross, Ueber Stromarbeit II. Elektrochemische Zeitschrift 1897, 11.

die im Raume veränderlich, in der Zeit unveränderlich sein
sollen, als letzte Ursachen aller Naturvorgänge angenommen.
Mit dieser Auffassung der Kausalität, die der seinigen durchaus widersprach, musste er sich daher auseinandersetzen.
Treffend bemerkt er darüber:

> »Heisst man die Schwere eine Kraft, so denkt
> man sich damit eine Ursache, welche, ohne selbst
> abzunehmen, Wirkung hervorbringt, hegt damit also
> unrichtige Vorstellungen über den ursächlichen Zu-
> sammenhang der Dinge.«[1])

D. h. mit anderen Worten, wie schon oben hervorgehoben wurde, eine Ursache, die zu allen Zeiten unverändert
ist, kann einen zureichenden Grund für das zeitliche Eintreten eines Vorganges geben.

Ganz in demselben Sinne äussert er sich ausführlich in
den »Bemerkungen über das mechanische Aequivalent der
Wärme«[2]) woraus hier nur folgende Stelle angeführt sei:

> »Man wende mir nicht ein, die Druck-,Kraft', Schwer-
> ,Kraft', Kohäsions-,Kraft' etc. sei die höhere Ursache des
> Drucks, der Schwere u. s. w. In den exakten Wissenschaften
> hat man es mit den Erscheinungen selbst, mit messbaren
> Grössen, zu thun; der Urgrund der Dinge aber ist ein dem
> Menschenverstande ewig unerforschliches Wesen — die
> Gottheit, wohingegen ,höhere Ursachen', ,übersinnliche Kräfte'
> u. dergl. mit all ihren Konsequenzen in das illusorische
> Mittelreich der Naturphilosophie und des Mystizismus ge-
> hören.«[3])

Was wir unmittelbar wahrnehmen, sind in der That
stets wirkende Körper, die unter die Gattung Energie gehören: sondern wir aus letzterer einzelne Faktoren aus, wie
z. B. das Gewicht, oder bilden wir mathematische Funktionen,
die zu der Energie in gewisser Beziehung stehen, wie die
Schwerkraft, so sind das Abstrakta, die nicht mehr eine Gattung
des Wahrgenommenen bezeichnen, da sie sich der Energie
weder über- noch unterordnen lassen, d. h. dieselbe kann

---

[1]) Bemerkungen, S. 25 Z. 12 v. o. ff.
[2]) S. 250 ff.
[3]) S. 261, Z. 4 v. u. ff.

nicht durch einfache Subtraktion oder Addition von Merkmalen in sie übergeführt werden.

Mayer, der unter Kraft eine Energie, oder auch die durch die Energie gemessene konkrete Wahrnehmung verstand, musste die Bezeichnung der Schwere, Kohäsion u. s. w. als Kraft verwerfen und seine eifrige Polemik dagegen war eine nothwendige Folge seiner Grundvorstellungen; freilich dürfte er durch seine Umdeutung hergebrachter Bezeichnungen die Einführung seiner Ideen wesentlich gehemmt haben.[1]

Seine Schriften sind in verschiedenen Perioden der Entwickelung seiner Ideen entstanden; seine Aeusserungen über die sogenannten Kräfte sind daher nicht alle gleich klar: so bezeichnet er in den »Bemerkungen über die Kräfte« u. s. w. die Schwere als eine Eigenschaft des Körpers;[2] doch in der zuletzt angeführten Stelle spricht er sich mit musterhafter Klarheit aus.

Es ist lehrreich, bezüglich der sogenannten Kräfte die Meinungen Schopenhauer's und Mayer's mit einander zu vergleichen.

Ersterer hält jede »ursprüngliche Naturkraft«, z. B. die Schwere, für eine metaphysische qualitas occulta, und nennt es absurd, sie zur Ursache oder Wirkung zu machen;[3] soweit stimmt er also mit letzterem überein. Beide unterscheiden sich nur darin, dass der Philosoph die qualitates occultae für vollberechtigt ansieht, während der Naturforscher sie für Illusionen erklärt.

Schliesslich sei noch ein Versehen Mayer's erwähnt; weil es ihm öfters vorgeworfen worden ist.

Er setzt in der Gleichung zwischen Arbeit und lebendiger Kraft statt des halben das ganze Produkt mv^2 gleich der Arbeit. Heutzutage ist die genannte Gleichung in allen Lehrbüchern zu finden; ein derartiger Fehler würde daher ein

---

[1] Eine weitere Erörterung des Problems der Fernkräfte erfolgt in dem über von Helmholtz handelnden Theile dieser Schrift: S.

[2] S. 25, Z. 4 v. o. ff.

[3] M. vgl. dessen oben S. 12 angeführte Aeusserung. In den ihr unmittelbar vorhergehenden Sätzen nennt er als ursprüngliche Naturkräfte Elektrizität, Schwere u. s. w., und erklärt es für absurd, sie zu Ursachen oder Wirkungen zu machen.

Zeichen grosser Flüchtigkeit oder Unkenntniss sein; damals aber war sie, sowie auch der Ausdruck der Arbeit, durchaus noch nicht allgemein verbreitet und in die Bücher eingeführt, auch bezeichnete man als lebendige Kraft das ganze Produkt mv^2. Diese Bezeichnung und seine kausalen Vorstellungen, wonach die ganze lebendige Kraft die Wirkung der Arbeit sein musste, mögen ihn wohl verführt haben.

Dass er zur selbstständigen Entwickelung derartiger Formeln fähig war, beweist seine Bestimmung des Maximums der Geschwindigkeit, die ein aus unendlicher Höhe freifallender Körper erreicht.[1])

Blicken wir auf Mayer's Erörterung der mechanischen Vorgänge zurück, so erscheint als deren wichtigstes Ergebniss die Einführung der Fallkraft, deren Ableitung aus dem Kausalgesetze allerdings, nach meiner Meinung, noch mit wesentlichen Unklarheiten behaftet war. Auch konnte diese Neuerung in der Auffassung längst bekannter Vorgänge nur von denjenigen gewürdigt werden, die bereits zur Erkenntniss der Erhaltung der Energie vorgedrungen waren.

---

[1]) M. vergl. »Die organ. Bewegung« S. 60 und »Dynamik des Himmels« S. 167. Mayer's Formel $v = \sqrt{2\,g\,r}$, worin g die Gravitationskonstante, r den Erdradius, v die Endgeschwindigkeit eines aus unendlicher Höhe auf die Erdoberfläche fallenden Körpers bezeichnet, ist ganz einfach in folgender Weise abzuleiten: Ist M die Masse der Erde, m die des fallenden Körpers, so ist seine lebendige Kraft, wenn er aus der Höhe R auf die Erdoberfläche fällt

$$\frac{1}{2}\,m\,v^2 = - \left(\frac{m\,M}{R} - \frac{m\,M}{r} \right).$$

Für $R = \infty$ wird folglich

$$\frac{1}{2}\,m\,v^2 = \frac{m\,M}{r}. \quad (a)$$

Nun ist

$$g = \frac{M}{r^2}, \quad g\,r = \frac{M}{r},$$

und wenn dieser Werth in (a) eingesetzt wird, schliesslich

$$v = \sqrt{2\,g\,r}$$

Wärme.

Die Forderung der Logik und die Aufgabe der Erfahrung. — Definition der Energie. — Empirische Bestimmung des kausalen Zusammenhanges zwischen Wärme und Arbeit. — Mayer und Rumford. — Mayer's Bestimmung des mechanischen Wärmeäquivalentes: Sonderung der rein experimentellen Thatsache und der logischen Voraussetzung. — Bestimmung der inneren Energie der Luft als Funktion der Temperatur mittels des Versuches von Gay Lussac und ohne denselben. — Mayer's Bestimmung des mechanischen Wärmeäquivalentes verglichen mit denjenigen Joule's. — Ueber die Auffassung der Wärme als Bewegung. — Einzelne Bemerkungen. — Rückblick.

»Wir sehen in unzähligen Fällen eine Bewegung aufhören, ohne dass sie eine andere Bewegung oder Gewichtserhebung hervorgebracht hätte; eine einmal vorhandene Kraft kann aber nicht zu Null werden, sondern nur in eine andere Form übergehen, und es fragt sich somit, welche weitere Form die Kraft, welche wir als Fallkraft und Bewegung kennen gelernt, anzunehmen fähig sei?«

»*Nur die Erfahrung kann uns hierüber Aufschluss ertheilen.*« [1])

---

[1]) »Bemerkungen über die Kräfte S. 26. In »Organ. Bewegung«, III. S. 51 geht Mayer von dem umgekehrten Vorgange, der Verwandlung von Wärme in Arbeit, aus. »Die Wärme ist eine Kraft, sie lässt sich in mechanischen Effekt verwandeln.« Als Beispiel einer solchen Verwandlung führt er dann die Thatsache an, dass in der arbeitenden Dampfmaschine die von den Dämpfen aufgenommene Wärmemenge grösser ist als die von ihnen bei der Verdichtung abgesetzte. Die Differenz giebt »die in mechanischen Effekt verwandelte Wärme«. Der Ausgangspunkt in den »Bemerkungen« scheint mir aber den Vorzug zu verdienen; weil er sich besser an das Vorhergehende anschliesst, worin die mechanische Energie betrachtet wurde, und wir noch nicht wissen, dass Wärme Energie ist. Auch ist die Erzeugung von Wärme durch Arbeit einfacher als der Vorgang in der Dampfmaschine.

Unter Bewegung ist nach Mayer's Sprachgebrauche lebendige Kraft zu verstehen. In diesen Sätzen spricht unser Autor mit musterhafter Klarheit die Prinzipien seiner Forschung aus: die Logik stellt die allgemeine Forderung der Unzerstörbarkeit der Kraft, die Erfahrung hat die Aufgabe, die Forderung der Logik zu realisiren, indem sie die Verwandlungen der Kraft aufsucht.

Verkehrt ist es dagegen, das allgemeine logische Prinzip der Unzerstörbarkeit der Kraft für einen rein empirischen Satz anzusehen. Es wird sich auch weiter unten zeigen, dass Joule gerade so wie Mayer bei seinen Bestimmungen des mechanischen Wärmeäquivalentes die Unzerstörbarkeit der Wärme vorausgesetzt hat, und dass ohne diese Voraussetzung seine Bestimmungen gar keinen Sinn haben. [1])

Dasjenige, was für die verschwindende lebendige Kraft entsteht oder umgekehrt dasjenige, wofür lebendige Kraft

---

[1]) Selbstverständlich wird hierdurch nicht entschieden, ob nicht auch schliesslich das Kausalgesetz auf Erfahrungen beruht. Den Satz, dass jede Aenderung mechanischer Energie ein Aequivalent bedingt, habe ich in meiner bereits erwähnten Schrift »Ueber den Beweis des Prinzips« u. s. w. als das abstrakte Prinzip der Erhaltung der Energie bezeichnet, das seinen konkreten Inhalt aber erst durch die bewusste Erfahrung erhält. Hierdurch habe ich mir seitens eines Rezensenten den Vorwurf zugezogen, dass ich das Prinzip der Erhaltung der Energie rein logisch deduziren und aus der Erfahrung nur die Beispiele für den bereits deduktiv festgestellten Satz entnehmen will.

Diese Auslegung meiner Aeusserungen ist jedoch ganz irrig.

Das Beispiel ist in dem allgemeinen Satze, auf den es sich bezieht, schon vollständig enthalten, es dient zu dessen Veranschaulichung, ohne zu seinem Inhalt etwas hinzuzusetzen, während das abstrakte Prinzip der Erhaltung der Energie erst durch die Erfahrung einen bestimmten Inhalt bekommt. Stellt man den Satz auf: »alle Körper sind schwer«, so ist der speziellere Satz: »alle Metalle sind schwer« nur ein Beispiel für denselben, aber Angaben über die spezifischen Gewichte sind neu hinzukommende Bestimmungen, die der allgemeine Satz nicht enthält. Und so wie man wissen muss, dass die Körper schwer sind, bevor man daran denken kann, ihr spezifisches Gewicht zu bestimmen, so muss man auch die Unzerstörbarkeit der Kraft voraussetzen, bevor man ihre Verwandlungen empirisch aufsuchen kann.

entsteht, bezeichnet Mayer als Kraft[1]) während dasselbe jetzt bekanntlich meistens Energie genannt wird.

Den gesuchten Aufschluss über das, was im vorliegenden Falle Energie ist, findet er nun in der Thatsache, dass durch Reibung, z. B. zweier Metallplatten mit einander, beliebig grosse Wärmemengen erzeugt werden können.

> »So wenig sich, ohne Anerkennung eines ursächlichen Zusammenhanges zwischen Bewegung und Wärme von der entschwundenen Bewegung irgend Rechenschaft geben lässt, so wenig lässt sich auch ohne jene die Entstehung der Reibungswärme erklären.«[2])

Das Beispiel der Wärmeerzeugung durch Reibung, das Mayer hier anführt, ist ganz ähnlich den Thatsachen, worüber Rumford seine berühmten Versuche angestellt hatte, nach denen er es sich wohl auch bildete.

Während aber Rumford durch seine Versuche beweisen wollte, die Wärme sei Bewegung, und somit eine nicht wahrnehmbare Ursache des Wahrgenommenen experimentell festzustellen suchte, schliesst Mayer daraus, dass Wärme und Bewegung kausal mit einander verbunden sind, womit er zu Folge seiner Auffassung der Kausalität implicite ausspricht, dass zwischen beiden ein konstantes Grössenverhältniss besteht.

Das war ein grosser Fortschritt in der Erkenntniss der Aufgabe physikalischer Versuche. Sie sollen nicht das sogenannte Wesen der Naturerscheinungen aufhellen, nicht die Sinneswahrnehmungen auf vermeintliche Ursachen zurückführen, die gar nicht mehr Sinneswahrnehmungen sind; sondern sie sollen den quantitativen Zusammenhang zwischen den wahrgenommenen Thatsachen feststellen.

In diesem Sinne äussert sich Mayer, wie bereits oben[3]) hervorgehoben wurde, in seinen Schriften wiederholt auf das

---

[1]) Bemerkungen über d. mech. Aeq. d. W., S. 255, Z. 3 von unten. Mayer erwähnt daselbst nur die Verwandlungen anderer Energieformen in lebendige Kraft, nicht die umgekehrten, was aber offenbar nur ein Versehen ist.

[2]) Bemerkungen über d. Kräfte, S. 27, Z. 6 v. o. ff.

[3]) S. 10, Z. 3 v. u. ff.

Bestimmteste, und es unterliegt gar keinem Zweifel, dass er gerade diesem Fortschritt in der Methotik die Entdeckung des mechanischen Wärmeäquivalentes zu verdanken hat.

Wie ein sehr bedeutender Forscher durch irrige Prinzipien sich selbst um die beste Frucht seiner Untersuchungen bringen kann, das zeigt Rumford's Beispiel.

Auch er hatte schon an ein Grössenverhältniss zwischen verbrauchter Arbeit und erzeugter Wärme unbestimmt gedacht: bei einem seiner Versuche, wobei sich ein stumpfer stählener Bohrer in einem Kanonenrohre rieb, hatte er die dadurch erzeugte Wärme zum Erhitzen von Wasser benutzt und berechnet, dass sie grösser war, als die durch Verbrennen von neun Wachslichtern von bestimmter Stärke höchstens zu erhaltende Wärme. Und gleich darauf erwähnt er, dass die zur Drehung des Bohrers verwendete Maschine durch ein Pferd getrieben wurde.[1])

Aber indem er seine Aufmerksamkeit durchaus auf das Ziel richtet, die Wärme als Bewegung zu erweisen, wird ihm nicht bewusst, eine wie hohe Bedeutung die Beziehung zwischen Wärme und Arbeit, die er streifte, durch weitere Untersuchung erlangen konnte.

Wenn er also dem mechanischen Wärmeäquivalente sehr nahe war, so hatte er sich ihm doch gleichsam nur mit verbundenen Augen genähert und entfernte sich daher auch sofort wiederum von ihm, ohne es erfasst zu haben.

Hingegen ist für Mayer das Grössenverhältniss zwischen Wärme und Arbeit von Anfang an die Hauptsache. Freilich ist bei der Beurtheilung von Rumford's Leistungen zu berücksichtigen, dass der Begriff der mechanischen Arbeit erst nach seinen Versuchen über die Wärme durch Coriolis und Poncelet festgestellt wurde.

Wir wollen nun die allgemeinen und besonderen Voraussetzungen, die Mayer's Bestimmung des mechanischen Wärmeäquivalentes eigenthümlich sind, ermitteln.

Er leitete letzteres bekanntlich aus dem Unterschied der spezifischen Wärmen der Luft bei konstantem Druck und konstantem Volumen ab.

---

[1]) Berthold, Rumford u. d. Mechan. Wärmetheorie. Heidelberg, Winter, 1875, S. 58, Z. 5 v. u. ff.

Bezeichnet nun c_p die spezifische Wärme der Luft bei konstantem Druck, c_v die bei konstantem Volumen, so ist die die Differenz $c_p — c_v$ eine Konstante.

Ebenso ist die äussere Arbeit, die ein Kil. Luft beim Erwärmen um 1^0 C. bei konstantem Druck leistet, eine Konstante, die mit a bezeichnet werde.

Folglich ist auch das Verhältniss

$$(c_p — c_v) : a$$

konstant.

Diese Thatsache ist rein experimentell festzustellen.

Also aus rein experimentellen Bestimmungen ergiebt sich zwischen einer Wärmemenge und einer mechanischen Arbeit ein konstantes Verhältniss. Da wir hier aber den Versuch von Gay Lussac über die Ausdehnung der Luft ohne Arbeit noch nicht voraussetzen, so bleibt zunächst unentschieden, ob $c_p — c_v$ äquivalent a gesetzt werden darf, was nicht der Fall wäre, wenn die Luft bei ihrer Ausdehnung latente Wärme aufnehmen würde; immerhin ist aber die Thatsache, dass die zur Erwärmung eines Kilogramm Luft unter konstantem Druck nothwendige Wärme zu der äusseren Arbeit, die die Luft leistet, in einem unabänderlichen Verhältnisse steht, an sich sehr wichtig.

Nach dem oben erwähnten Versuche von Gay Lussac bleibt nun die Gesammttemperatur einer Luftmenge ungeändert, wenn sie sich, ohne äussere Arbeit zu leisten, ausdehnt; die Quantität der etwa in ihr enthaltenen latenten Wärme ist demnach von Druck und Volumen unabhängig. Denn hätte sie sich bei dem Versuche geändert, so hätte sie zum Theil in wahrnehmbare Wärme übergehen oder aus solcher entstehen müssen; da ein anderer Ersatz ausgeschlossen ist; folglich hätte die Gesammttemperatur der sich ausdehnenden Luft sich ändern müssen.

Bei vorstehenden Schlüssen ist aber offenbar vorausgesetzt, dass Wärme weder aus nichts entstehen noch zu nichts werden kann.

Unter dieser allgemeinen Voraussetzung, und nur unter ihr, folgt aus dem erwähnten Versuche, dass bei der blossen Ausdehnung der Luft keine Wärme latent wird, und zu ihrer Erwärmung somit, von äusserer Arbeit

3

abgesehen, nur die zur Steigerung ihrer Temperatur dienende Wärme nothwendig ist, gleichgültig, ob sie sich ausdehnt oder nicht.

Diese Wärmemenge ist demnach für 1^0 C. und 1 Kil. Luft gleich der konstanten spezifischen Wärme c_v; und folglich

$$c_p = c_v + a, \quad c_p - c_v = a.$$

Um dieses Ergebniss sicher abzuleiten, hielt und hält man noch den angegebenen Versuch von Gay Lussac für unerlässlich; ohne ihn gilt die Bestimmung des mechanischen Wärmeäquivalentes aus der Differenz der spezifischen Wärmen der Luft für hypothetisch. Mayer beschreibt denselben auch in der Abhandlung über »Die organische Bewegung« u. s. w ausführlich[1]), was freilich nicht verhindert hat, dass ihm nach dem Vorgange von Joule bis in die neueste Zeit hinein dessen Unkenntniss vorgeworfen und seine Methode als hypothetisch dargestellt worden ist, während es doch für den objektiven Werth derselben ganz gleichgültig ist, ob er den Versuch kannte oder nicht; genug, dass er vorhanden war.

Es lässt sich jedoch zeigen, dass der Versuch nichts beweist, was nicht ohne ihn ebenso sicher zu beweisen ist.

Die spezifische Wärme c_v ist eine Konstante und somit unabhängig von Druck und Volumen. Ebenso ist die Arbeit a eine Konstante. Beides steht auch ohne den mehrerwähnten Versuch fest. Folglich kann die Wärme c_p in zwei Summanden zerlegt werden, nämlich in die Wärme c_v, die die Luft zur Erwärmung um 1^0 C. braucht, gleichgültig, ob sie sich ausdehnt oder nicht, und in die zu äusserer Arbeit verwendete Wärme, und es folgt wiederum wie vorhin

$$c_p - c_v = a.$$

Der Versuch von Gay Lussac ist eben nichts als eine ganz nothwendige Folge oder eine spezielle Anwendung der Konstanz der spezifischen Wärme c_v.

Denn aus der Konstanz von c_v folgt, dass die zur Erwärmung der Luft ohne Arbeit nothwendige Wärme un-

---

[1]) Mech. d. W., S. 53. Dass er ihn bereits im Jahre 1841 kannte, ist aus seinen Briefen an Baur ersichtlich. M. vergl. Weyrauch, a. a. O. S. 130, Anm. 10.

abhängig von Druck und Volumen und proportional der Temperatur ist; sie hängt also nicht von inneren Kräften ab.

Es verdient sogar den Vorzug, diese Folgerung aus der Konstanz von c_v zu ziehen, statt aus dem erwähnten Versuch: denn im ersteren Falle beruht sie auf einer physikalischen Konstanten, und gilt somit für alle möglichen Bedingungen, während sie im letzteren eine immerhin sehr beschränkte Induktion aus wenigen Fällen ist.

Freilich wird in fundamentalen Untersuchungen eine Bestätigung, wie sie der Versuch von Gay Lussac für die aus der Konstanz der spezifischen Wärme c_v gezogenen Schlüsse giebt, nur erwünscht sein; aber eine unerwiesene Hypothese wäre Mayer's Bestimmung des mechanischen Wärmeäquivalentes auch ohne denselben nicht gewesen, sondern eine bündige, auf experimenteller Grundlage beruhende Schlussfolgerung.

Die allgemeine Voraussetzung der Unzerstörbarkeit der Wärme ist, wie leicht ersichtlich, bei derselben ebenfalls nicht zu umgehen.

Auch in folgender Form kann ohne den Versuch von Gay Lussac bewiesen werden, dass die Luft innere Kräfte nicht enthält.

Ist p der Druck, v das Volumen einer gegebenen Luftmenge, die sich durch Erwärmen sehr langsam ausdehnt, so ist ein Element der äusseren Arbeit, die sie dabei leistet, gleich p d v.

Bezeichnet ferner U die Wärme, die von der Luft, von äusserer Arbeit abgesehen, aufgenommen wird, so könnte dieselbe ausser von der absoluten Temperatur ϑ auch von einer begrenzten Zahl anderer von ϑ unabhängiger Veränderlicher λ, μ, ... ρ abhängen, so dass

wäre.
$$d U = \frac{d U}{d \vartheta} d \vartheta + \frac{d U}{d \lambda} d \lambda + \ldots \frac{d U}{d \rho} d \rho$$

Wird nun wiederum die Unzerstörbarkeit der Wärme vorausgesetzt, so wäre demnach ein Element der gesammten Wärme Q, die bei der Erwärmung der Luft unter Arbeitsleistung verbraucht wird, gleich

$$d Q = \frac{d U}{d \vartheta} d \vartheta + \frac{d U}{d \lambda} d \lambda + \ldots \frac{d U}{d \rho} d \rho + p d v.$$

Auf der linken Seite der Gleichung steht eine Wärmegrösse d Q, auf der rechten eine Arbeit p d v: hierdurch
wird aber nicht das Bestehen eines konstanten Verhältnisses zwischen Wärme und Arbeit behauptet, sondern die
Gleichung besagt nur, dass die auf der linken Seite stehende
Wärmegrösse gleich der Summe aller Aenderungen auf der
rechten ist. Das ist aber nichts anderes als die Annahme
der Unzerstörbarkeit der Wärme, die, wie sich zeigen wird,
bei keiner Acquivalenzbestimmung zu umgehen ist.

Wird p als konstant angenommen, so ist nun nach
dem Gesetz von Mariotte und Gay Lussac p d v = R d ϑ,
worin R die Konstante des genannten Gesetzes bezeichnet.

$$\text{Ferner ist } c_p \, d\vartheta = d Q \text{ und } c_v \, d\vartheta = \frac{d U}{d \vartheta} \, d\vartheta;$$

folglich wird

$$c_p \, d\vartheta = c_v \, d\vartheta + \frac{d U}{d \lambda} \, d\lambda + \ldots \frac{d U}{d \rho} \, d\rho + R \, d\vartheta.$$

Da diese Gleichung für beliebige Werthe gilt, und
die auf der linken Seite stehende Grösse proportional ϑ ist,
so muss dasselbe auch für die rechte Seite gelten; folglich ist

$$\frac{d U}{d \lambda} \, d\lambda \ldots + \frac{d U}{d \rho} \, d\rho = 0;$$

was zu beweisen war.

Ich will jetzt die Bestimmungen des mechanischen
Wärmeäquivalentes von Joule mit denjenigen Mayer's vergleichen. Von den Versuchen des ersteren berücksichtige
ich dabei nur diejenigen »Ueber die Temperaturverände-
rungen durch Verdünnung und Verdichtung der Luft« und
die »Ueber das mechanische Aequivalent der Wärme«, bestimmt durch die Wärmeentwickelung bei Reibung von
Flüssigkeiten, da die elektromagnetischen allzu ungenaue
Resultate ergaben.[1]

Bei dem erstgenannten Versuche bestimmte Joule das
mechanische Wärmeäquivalent aus der durch Kompression
der Luft erzeugten Wärme in Fusspfunden und Graden
Fahrenheit zu 823 und 795, und aus der durch Ausdehnung

---

[1] Joule, Das Mechan. Aequiv. d. Wärme. übers. v. Spengel,
Braunschweig 1872.

der Luft verbrauchten Wärme in denselben Einheiten zu 820, 814, 760.

Die Ausdehnung der Luft fand statt, indem sie aus einem lufterfüllten in einen luftleeren Rezipienten floss, wobei die gesammte Temperaturänderung Null war, wie schon Gay Lussac festgestellt hatte, was Joule damals nicht wusste.[1])

Bei den anderen erwähnten Versuchen berechnete er die Aequivalenzzahl aus der Wärme, die durch Reibung von Wasser in engen Röhren, durch Reibung eines Schaufelrades in Wasser und Quecksilber und durch die Reibung von Gusseisen gegen Gusseisen entsteht.

Die so aus den einzelnen Versuchsreihen erhaltenen Mittelwerthe betragen in den obigen Einheiten 770,772,692; 774,083; 774,987.

Die allgemeine Voraussetzung Joule's ist dieselbe wie diejenige Mayer's: Wärme kann nicht zu nichts werden, und nicht aus nichts entstehen. Denn er stellt ebenso wie letzterer zur Bestimmung des mechanischen Wärmeäquivalentes Gleichungen zwischen mechanischer Energie und Wärme auf; eine Gleichung zwischen so vollständig verschiedenen Grössen wie Arbeit und Wärme, die mit dem Anspruch ganz allgemeiner Geltung auftritt, kann aber nur den Sinn haben, dass angenommen wird, Wärme werde durch Arbeit erzeugt oder umgekehrt, sie entstehe folglich weder aus nichts noch werde sie zu nichts. Die Unzerstörbarkeit der Kraft überhaupt spricht Joule auch ausdrücklich als die prinzielle Voraussetzung seiner Versuche aus.[2])

Nun zeigt sich aber sofort der ausserordentliche Vorzug von Mayer's Methode gegenüber derjenigen Joule's.

---

[1]) Dass Joule den Versuch von Gay Lussac nicht kannte, obwohl er in weit verbreiteten Zeitschriften veröffentlicht war (sie sind angeführt von Hrn. Weyrauch in Mayer, Mechanik d. W. 3. Aufl. S. 130, Anm. 10.), ist zu entschuldigen; aber dass er ihn auch nicht hat kennen wollen, nachdem ihn Mayer darauf aufmerksam gemacht hatte, sondern sich stets dessen Erfindung anmasste, das ist gewiss nicht zu entschuldigen. M. vergl. die Reklamation Mayer's in der Comptes rendus 1849, XXIX, p. 534, abgedruckt in kleinere Schriften, herausgegeben v. Weyrauch, S. 280.

[2]) A. a. O. S. 39, Z. 5 v. o.; S. 75, Z. 14. v. u. ff.

Mayer ermittelt das mechanische Wärmeäquivalent durch Vergleichung zweier Konstanten: der Differenz der beiden spezifischen Wärmen der Luft und der Arbeit die 1 Kil. Luft unter konstantem Druck bei der Erwärmung um 1 ° C. leistet. Hieraus folgt ohne Weiteres eine nothwendige Beziehung zwischen Arbeit und Wärme, und es bleibt dann nur noch deren Zahlenwerth zu ermitteln, was mit Hilfe des Versuches von Gay Lussac, oder, wie wir sahen, auch ohne ihn, prinzipiell genau geschehen kann.

Joule dagegen ermittelt das mechanische Wärmeäquivalent aus veränderlichen Grössen: aus der bei der Reibung unter bestimmten Bedingungen aufgewendeten mechanischen Arbeit, und der dafür erhaltenen Wärme. Hierdurch übernimmt er die Verpflichtung, genau festzustellen, ob alle diejenigen Grössen, von denen das Verhältniss der genannten beiden Veränderlichen abhängen könnte, berücksichtigt sind. Dieser aber hat er, wie leicht zu zeigen, durchaus nicht genügt.

Erstens bestimmt er den Aequivalenzwerth der Wärme aus Versuchen, die alle in sehr engen Temperaturgrenzen liegen, und stellt die so erhaltenen Zahlen als ganz allgemein gültig hin; er nimmt also, ohne jede Begründung, den Arbeitswerth der Wärme als unabhängig von der Temperatur an; während in den wichtigen Arbeiten von Carnot Clapeyron, deren Fehler damals noch nicht bekannt waren, gerade das Gegentheil vorausgesetzt war: ein solches Verfahren ist doch nicht wissenschaftlich zu nennen.

Alle Wärmegrössen in der Natur haben eine bestimmte Temperatur: warum sollte also gerade die abstrakte ohne bestimmte Temperatur gedachte Wärmeeinheit mechanischer Energie äquivalent sein? Joule's Versuche, die alle bei gewöhnlicher Temperatur angestellt sind, geben hierauf keine Antwort; er scheint also die Frage »a priori« abgethan zu haben, ohne sich um den Begriff der Temperatur irgend welche Sorgen zu machen.

Für Mayer fiel die Verpflichtung, den Einfluss der Temperatur zu untersuchen, fort; da die Gleichung zwischen der Differenz der spezifischen Wärmen und der Arbeit der

Luft, woraus er das mechanische Wärmeäquivalent bestimmt, von der Temperatur ganz unabhängig ist.

Während also Joule ohne jedes Recht Mayer vorwarf, er habe bei seiner Berechnung des mechanischen Wärmeäquivalentes die ebengenannte Gleichung als Hypothese angenommen, ist ihm mit vollem Rechte vorzuwerfen, er habe die Unabhängigkeit des Arbeitswerthes der Wärme von der Temperatur ganz willkürlich vorausgesetzt. Dass sich seine Voraussetzung durch die Entwickelung der mechanischen Wärmetheorie bestätigte, darf man nicht zu seiner Entschuldigung anführen, wenn man nicht ein blosses Herumrathen an die Stelle wissenschaftlicher Methode setzen will.

Zweitens stimmen Joule's Versuche in ihren Ergebnissen, wie das ja auch nicht anders sein konnte, nicht genau überein. Die Differenzen zwischen den Mittelwerthen des aus der Reibungswärme ermittelten mechanischen Wärmeäquivalentes betragen zwar nur wenige Fusspfunde; aber weit grösser sind die Differenzen zwischen den durch Kompression und durch Verdünnung der Luft erhaltenen Aequivalenzwerthen, und zwischen diesen und den vorhergenannten.

Er behandelt nun bei der Bearbeitung seiner Versuche diese Abweichungen ohne Weiteres als Versuchsfehler, und das mechanische Wärmeäquivalent als eine absolute Konstante, und die Entwickelnng der Wissenschaft hat ihm auch hierin wiederum Recht gegeben.

Aber wenn man seine Leistungen gegen diejenigen Mayer's abwägen will, ist doch zu fragen, ob er zur Zeit seiner Versuche die unbedingte Konstanz der Aequivalenzzahl als selbstverständlich annehmen durfte, und das war durchaus nicht der Fall.

Zugegeben, die Differenzen der einzelnen Aequivalenzbestimmungen liegen innerhalb der Fehlergrenze, und *konnten* Versuchsfehler sein; aber *mussten* sie es deshalb auch sein? konnte nicht die Konstanz des Verhältnisses zwischen Wärme- und Arbeitseinheit eine ideale Grenze sein; ähnlich wie das Mariotte'sche Gesetz?

Diese Frage musste sich Joule vorlegen, und dass er es nicht that, beweist einen grossen Mangel an wissenschaftlicher Kritik.

Dagegen folgt nach Mayer's Methode, wenigstens für die sogenannten permanenten Gase die Konstanz der genannten Verhältnisszahl ohne Weiteres. Drittens geriethen bei Joule's Versuchen die sich reibenden Körper jedenfalls in molekulare Bewegungen, für die mechanische Energie verbraucht wurde; man wird nun sagen: die molekularen Bewegungen machen eben die Wärme aus; aber das war ja noch zu beweisen.

Der Auslegung seiner Versuche liegt also die Hypothese zu Grunde, dass alle durch Reibung entstandenen molekularen Bewegungen Wärme sind, und dass andere molekulare Bewegungen vielleicht noch unbekannter Art dabei in wesentlichem Betrage nicht vorkommen; jedenfalls eine sehr kühne Hypothese, wenn man bedenkt, wie dunkel die Natur der Reibung auch jetzt noch ist.

Auch von dieser Schwierigkeit ist Mayer's Methode frei.

Durch Vorstehendes dürfte erwiesen sein, dass Joule die Bedingungen seiner Versuche nicht genügend erörtert hat.

Nun war es ja allerdings für ihn unmöglich, alle hier hervorgehobenen Probleme zu lösen; es sollte auch nur gezeigt werden, wie tief seine Methoden zur Bestimmung des mechanischen Wärmeäquivalentes, die solche Komplikationen mit sich führen, prinzipiell unter denjenigen Mayer's stehen, die von ihnen ganz frei ist. Dadurch soll jedoch nicht bestritten werden, dass sie eine werthvolle Ergänzung der letzteren sind.

Schliesslich sei noch auf den folgenden sehr wichtigen Vorzug von Mayer's Methode hingewiesen: sie ist umkehrbar, während diejenigen Joule's es nicht sind.

Wird 1 Kil. Luft von 1^0 C. auf 0^0 abgekühlt, so giebt es die Wärme $c_p — c_v$ ab, und die Arbeit, die bei seiner Erwärmung auf 1^0 C. geleistet war, wird zurückerhalten.

Auch hier gelten offenbar die Erörterungen, die oben über die Voraussetzungen und die Berechnung des entgegengesetzten Vorganges angestellt wurden.

Durch Umkehrung ein und desselben Vorganges ist also unter denselben allgemeinen Voraussetzungen das Arbeitsäquivalent der Wärme, wie das Wärmeäquivalent der Arbeit zu bestimmen.

Beide Bestimmungen ergänzen sich gegenseitig zu einem zwingenden Beweise der Aequivalenz von Wärme und Arbeit, etwa wie in der Chemie die Zusammensetzung eines Körpers durch Analyse und Synthese bündig erwiesen wird.

Mayer theilte nicht unbedingt die jetzt so sehr verbreitete Meinung, wonach die Wärme eine Bewegung ist. In den »Bemerkungen über die Kräfte« u. s. w. sagt er:

»So wenig indessen aus dem zwischen Fallkraft und Bewegung bestehenden Zusammenhange geschlossen werden kann: das Wesen der Fallkraft sei Bewegung, so wenig gilt dieser Schluss für die Wärme.«[1]

Die vermeintliche Analogie mit dem mechanischen Vorgange kann ich allerdings nicht anerkennen: dabei sind nicht zwei verschiedene Energieformen, sondern nur zwei verschiedene Darstellungen ein und derselben Energieform vorhanden, die, wie oben gezeigt wurde, keine Verwandlungszahl besitzen.

In den Bemerkungen über das mechanische Aequivalent der Wärme spricht er sich ausführlicher aus.[2]

Danach ist die Immaterialität der Wärme durch die Auffindung ihres mechanischen Aequivalentes zur Gewissheit geworden. Aber die Kraftform Wärme hält er für keine einheitliche, sondern er unterscheidet 1. die strahlende, 2. die freie, spezifische und 3. die latente Wärme.

Dass die strahlende Wärme eine Bewegungserscheinung ist, ist ihm zweifellos, wogegen er die Natur der molekularen Wärmevorgänge für ganz dunkel erklärt.

Aus diesen Ausführungen sind zwei Punkte besonders hervorzuheben: erstens ist für Mayer die Immaterialität der Wärme erst durch die Entdeckung des mechanischen Wärmeäquivalentes wirklich erwiesen, und zweitens hält er die Wärme zwar für immateriell, aber doch nicht alle Wärmeformen bestimmt für Bewegungen. Er unterscheidet somit zwischen immaterieller und mechanischer Auffassung

[1] S. 28.
[2] S. 266, Z. 19 v. u. ff.

der Wärme, und hat darin, wie ich zeigen werde, durchaus Recht.

Nach der Meinung vieler Physiker ist die Wärme gegenwärtig zweifellos als Bewegung erkannt.

Die Herren Thomson und Tait erklären es sogar schlechtweg als »eine experimentelle Thatsache«, »dass Wärme Bewegung ist«,[1] was jedenfalls ein vollständiger Unsinn ist. Denn eine experimentelle Thatsache ist, streng genommen, nur eine unmittelbare Wahrnehmung, und wenn man dem Ausdruck einen weiteren Sinn beilegen will, das allgemeine, durch Induktion gefundene Gesetz, das eine Gattung unmittelbarer Wahrnehmungen darstellt. Wird z. B. das Volumen einer gegebenen Luftmenge bei bestimmtem Druck und bestimmter Temperatur beobachtet, so ist das eine experimentelle Thatsache, und das Gesetz von Mariotte und Gay Lussac, das die Beziehung zwischen Druck, Volumen und Temperatur ausdrückt, mag auch als eine solche gelten. Schliesst man aber aus einer Gruppe von Thatsachen auf eine noch nicht wahrnehmbare Ursache derselben, so ist letztere, selbst wenn der Schluss auf sie noch so bündig ist, keine experimentelle Thatsache, da Schlüsse aus Thatsachen und Thatsachen zwei verschiedene Dinge sind. So sind die Fallgesetze eine experimentelle Thatsache im weiteren Sinne, aber die Schwerkraft, durch die man den Fall der Körper erklären will, kann niemand, auch wenn er noch so sehr von ihrem Dasein überzeugt wäre, für eine *Thatsache* erklären.

Ebenso soll die Auffassung der Wärme als Bewegung eine Erklärung der Wärmeerscheinungen durch Annahme einer nicht wahrgenommenen Ursache geben: Die Wärmeempfindung, die uns gewisse Körper erregen, soll dadurch entstehen, dass letztere sich in eigenthümlichen Bewegungszuständen befinden.

Dass solche Bewegungszustände wirklich existiren, ist aber, so lange sie nicht wahrgenommen sind, jedenfalls keine Thatsache, sondern nur ein Schluss aus Thatsachen.

---

[1] Thomson u. Tait. Handbuch d. theoret. Physik, übers. von Helmholtz u. Wertheim. Braunschweig 1871, I, S. 350, Z. 1 v. o.

Die Vermengung von Thatsachen und Schlüssen, wie sie die genannten Physiker im vorliegenden Falle vornehmen, beweist thatsächlich einen grossen Mangel an logischer Bildung.

Fragt man nun, wodurch eigentlich die Wärme als Bewegung erwiesen sei, so wird als ein bündiger, bereits vor der Entdeckung des mechanischen Wärmeäquivalentes gegebener Beweis der Versuch Davy's angeführt, der Eisstücke, indem er sie im luftleeren Raume aneinanderrieb, zum Schmelzen brachte. Da die spezifische Wärme des Wassers grösser ist als die des Eises, so konnte die zum Schmelzen des Eises verbrauchte Wärme nicht demselben entzogen sein, und da die Umgebung sich nicht abkühlte, konnte sie auch nicht aus letzterer stammen.

Hieraus sollte folgen, dass die Wärme kein Stoff, sondern eine Bewegung sei.

Dagegen wendete aber schon W. Henry ein, der die materielle Auffassung der Wärme vertrat, dass letztere den luftleeren Raum durchdringen und von dazu disponirten Körpern aufgenommen werden könnte.[1])

Wir wollen nun hier selbstverständlich nicht für die Annahme eines Wärmestoffes sprechen, und es sei zugegeben, dass aus Davy's Versuch mit grosser Wahrscheinlichkeit folgt, die Wärme ist *kein Stoff*: aber folgt alsdann, dass sie eine *Bewegung* ist? Doch nur, wenn vorausgesetzt wird, dass Alles, was nicht Stoff ist, Bewegung ist, oder mit anderen Worten, alle Kräfte sollen Bewegungskräfte sein. Das ist die mechanische Naturauffassung, die aber ihrerseits wiederum nur zu beweisen wäre, indem die mechanische Natur aller Kraftformen und somit auch der Wärme festgestellt wird.

Man erhält also den Zirkelschluss:

Da in der Natur alles, was nicht Stoff ist, Bewegung ist, so ist die Wärme Bewegung, und weil die Wärme wie alle anderen Kraftformen Bewegung ist, so ist in der Natur alles, was nicht Stoff ist, Bewegung.

Diesem Zirkel entgeht man nur, wenn man die mechanische Naturauffassung, und somit auch die auf ihr beruhende

---

[1]) M. vergl. Gebler's Physik. Wörterb.: Wärme, S. 79.

mechanische Auffassung der Wärme einfach als eine Hypothese betrachtet.

Das mechanische Wärmeäquivalent bestimmt nun einen quantitativen Zusammenhang zwischen Wärme und mechanischer Energie. Danach sind in einem abgeschlossenen Körpersysteme, worin nur mechanische und Wärmeänderungen stattfinden, die einen den anderen proportional; aber eine Proportionalität kann zwischen sehr verschiedenartigen Grössen stattfinden, und aus ihr auf die Identität von Wärme und mechanischer Energie zu schliessen, das wäre ähnlich, wie wenn Jemand zwanzig silberne Markstücke und ein goldenes zwanzig Markstück für identisch gleiche Dinge erklären sollte weil sie bedingungsweise gleichwertig sind.

Also die Auffassung der Wärme als Bewegung ist und bleibt eine Hypothese, und da diese nicht über das Wahrgenommene, sondern über die Sinneswahrnehmung selbst eine Aussage macht, geht sie über die Grenzen der Physik hinaus und müsste, bevor ihre Anerkennung mit wissenschaftlicher Gewissenhaftigkeit erfolgen kann, logisch geprüft werden, worauf ich jedoch hier nicht eingehen will.

Nachdem im Vorstehenden die Hauptgedanken Mayer's über die Wärme erörtert sind, mögen nun noch einige einzelne Bemerkungen folgen.

In den »Bemerkungen über die Kräfte« u. s. w. erwähnt er einen von ihm angestellten Versuch, wobei Wasser durch starkes Schütteln erwärmt wurde.[1]

Wenn er diese Thatsache in einem besonderen Aufsatze ausführlich beschrieben hätte, wäre sie wohl geeignet gewesen, ihm in den Kreisen der Physiker Ansehen zu erwerben, denn sie konnte noch besser als Davy's Versuche die Annahme eines Wärmestoffes widerlegen. Befand sich das Wasser in einem Gefäss von geringer Masse, so konnte dasselbe, in Betracht seiner geringen spezifischen Wärme, nicht den zur Erwärmung des Wassers angeblich erforderlichen Wärmestoff hergeben, und letzterer konnte auch nicht durch das Schütteln so zu sagen angelockt werden, während die bei Davy's Versuchen mit Eis stattfindenden Aenderungen des

---

[1] S. 27, Z. 13 v. o.

Aggregatzustandes eine Uebertragung von Wärmestoff aus dem Weltraum immerhin als möglich erscheinen liessen. .

Unmittelbar vor der Erwähnung seines Versuches spricht er die unrichtige Behauptung aus, Eis könne durch den stärksten Druck nicht zum Schmelzen gebracht werden, die ihm von Helmholtz als einen Beweis mangelnder wissenschaftlicher Vorsicht vorgeworfen hat.[1]) Aber wie der Zusammenhang deutlich zeigt, und wie auch schon Hr. Weyrauch hervorgehoben hat, will Mayer nur sagen, dass Eis nur durch Druckarbeit nicht durch Druck allein zum Schmelzen zu bringen ist.

Will man in seinen Schriften die einzelnen Bemerkungen, die auf sein System ohne Einfluss sind, berücksichtigen, so erfordert die Gerechtigkeit, nicht bloss die Fehler, die sie allerdings enthalten, sondern auch die geistvollen Gedanken hervorzuheben, die er darin ausgestreut hat.

Welchen Vorausblick bekundet z. B. der Satz, dass eine gegebene Wärmemenge sich *als Ganzes* nicht in Bewegung umsetzen lässt![2])

Der Verwandlung von Wärme in Arbeit und die umgekehrte entsprechen durchaus den Bedingungen, die sich aus Mayer's logischen Prinzipien für ein Kausalverhältniss als nothwendig ergaben: sie bestehen in einer Uebertragung und qualitativen Aenderung der Energie.

Gerade die Wärmelehre ist auch wie nichts anderes geeignet, die Bedeutung seiner logischen Voraussetzungen für die Erhaltung der Energie zu beweisen.

Nehmen wir einmal an, letztere wäre ein rein empirischer Satz, so müsste man sagen, die Aequivalenz von Wärme und Arbeit ist durchaus noch nicht bewiesen.

Mayer hat sie für die eigentlichen Gase festgestellt.

Joule für die Reibung einiger Flüssigkeiten und Metalle.

Hirn hat einen Versuch über den Stoss angestellt.

Auch andere Versuche liessen sich noch anführen, woraus die genannte Aequivalenz zu schliessen ist.[3])

---

[1]) v. H. Vorträge und Reden, S. 69, Z. 1 v. o. ff.

[2]) Organ. Beweg. S. 57, vorletzte Z.

[3]) M. vergl. Winkelmann, Handbuch der Physik, Breslau, Trewendt, 1896, II, 2, S. 396 ff.

Aber, wie schon oben erwähnt wurde, es fehlt ganz an dem Nachweis, dass die mechanisch erzeugte Wärme von der Temperatur unabhängig, und ihr konstantes Verhältniss zur Arbeit nicht bloss eine ideale Grenze ist, sondern thatsächlich besteht.

Wenn nun heute doch Niemand an der Erhaltung der Energie im Allgemeinen und an der Konstanz des mechanischen Wärmeäquivalentes im Besonderen zweifelt, so liegt der Grund darin, dass die Erhaltung der Energie nicht blos ein empirisches Gesetz ist, wie etwa das von Mariotte, sondern dass in ihr eine logische Nothwendigkeit zum Ausdruck kommt, wie dies Mayer von Anfang an erkannt hat.

Um die Grossartigkeit seiner Leistung zu erkennen, braucht man nur eine physikalische Schrift aus der Zeit seiner ersten Arbeiten vorzunehmen. Schlagen wir z. B. in Gehler's Physikalischem Wörterbuch den Artikel über Wärme auf. Der ihn enthaltende Band ist im Jahre 1841 erschienen.[1]

Die Ueberschriften der einzelnen Kapitel lauten ganz modern: Erzeugung der Wärme durch Kompression, durch Chemismus, durch den Lebensprozess, durch Elektrizität u. s. w.

Aber nun lese man das Kapitel über die Kompression der Gase.

Nach mühseliger Erörterung eines Konglomerats von Thatsachen ohne leitende Idee, folgt der Satz:

»Dass aber durch Verdünnung der Luft nicht gleiche Mengen Wärme absorbirt als durch Kompression frei gemacht werden, scheint nicht bloss nicht schwer zu erklären, sondern liegt sogar in der Natur der Sache.«

Und nun die in der »Natur der Sache« liegende Erklärung:

»Die aus den komprimirten Körpern ausgeschiedene Wärme ist in ihnen einmal vorhanden und wirft sich auf die ihr zunächst dargebotenen Substanzen, die von den expandirten aufzunehmende dagegen muss den umgebenden Körpern, durch die sie festgehalten

---

[1] Leipzig, E. B. Schwickert.

wird, entzogen werden, wozu einige Zeit erforderlich
ist, während welcher sie von allen Seiten hinzu-
strömt u. s. w.[1])

Ein Jahr nach diesen Auslassungen, worin die behauptete Thatsache und ihre in der Natur der Sache liegende
Erklärung von gleichem Werthe sind, erschienen Mayer's
»Bemerkungen über die Kräfte der unbelebten Natur«, worin
die wahre Bedeutung der Differenz der spezifischen Wärmen
der Luft klar erkannt und daraus das mechanische Wärmeäquivalent berechnet wird. Drei Jahre später erschien seine
meisterhafte Abhandlung über: »Die organische Bewegung
in ihrem Zusammenhange mit dem Stoffwechsel.»

---

[1]) a. a. O. S. 235, Z. 14 v. u. ff.

Elektrizität und Magnetismus.

Aequivalent der Reibungselektrizität. — Elektrophor. — Erwärmung einer
Magnetnadel durch den Wechsel ihrer Pole.

Mayer betrachtet die Elektrizität und den Magnetismus
in Bezug auf ihr Arbeitsäquivalent. Dieser Gedanke war
damals neu und ist sein Eigenthum.

Als Arbeitsäquivalent für die Entstehung von Reibungselektrizität bestimmt er die dabei verschwindende Reibungswärme.

Als Beispiel der Verwandlung von mechanischer in
elektrische Energie erörtert er ausführlicher das wiederholte Abheben und Entladen des Deckels eines Elektrophors.[1]) Der Ueberschuss der bei Hebung des Deckels ge-
leisteten, über die bei dessen Senkung gewonnenen Arbeit
bildet das Aequivalent der aus dem Deckel erhaltenen elektrischen Effekte.

Der Vorgang ist ausführbar, und Mayer bewährt sich
durch dessen Wahl als echter Naturforscher, der wirkliche
Thatsachen als Beispiele zu seinen Theorien aufsucht und
nicht dazu Vorgänge ersinnt, die wiederum nichts als
Theorie sind.

Den Magnetismus berührt er nur ganz kurz. In einer
Note an die Pariser Akademie erwähnt er noch einen von
ihm angestellten Versuch, wonach durch wiederholte Annäherung eines starken Magnetpols an den gleichnamigen
Pol einer Magnetnadel letztere sich erwärmt, und erklärt die

[1] Organische Bewegung, S. 63, IV.

Erwärmung aus seinem Gesetz der Kraftverwandlung in folgender Weise. Bei seiner Annäherung hat der Magnet die Abstossung des gleichnamigen, bei seiner Entfernung die Anziehung des durch seine Annäherung umgekehrten Poles zu überwinden; durch den Wechsel der Pole geht lebendige Kraft verloren, die sich in Wärme verwandelt.[1])

Weiter verfolgt, konnte diese Thatsache auf das dynamo-elektrische Prinzip führen; leider beschränkt sich aber Mayer auch in diesem Falle ebenso wie bezüglich der oben erwähnten Erwärmung des Wassers durch Schütteln auf eine kurze Notiz.

[1]) »Sur la transformation de la force vive« u. s. w. Comptes rendus 1848, XXVII, S. 385 ff., abgedruckt in Klein. Schriften, S. 274 ff.

Chemische Vorgänge.

Die chemische Arbeit.

R. Mayer stellt der mechanischen Energie des räumlichen Abstandes das chemische Getrenntsein gegenüber.

> »Das chemisch - getrennte Vorhandensein oder kürzer
>
> die chemische Differenz der Materie ist eine Kraft.«[1]

Aber auch das chemische Verbundensein kann eine Kraft sein, wie er selbst anführt, wenn eine Verbindung, wie z. B. die von Chlor und Stickstoff, unter Wärmeverbrauch erfolgt.[2]

Mayer spricht sich nicht darüber aus, ob er das chemische Getrenntsein bezw. das Verbundensein als lebendige Kraft oder als eine Art von Kraft des räumlichen Abstandes auffasst. Gewöhnlich geschieht das letztere, indem man die chemischen Vorgänge durch die Arbeit von sogenannten Anziehungskräften erklärt, die zwischen den verschiedenartigen sich verbindenden oder trennenden Substanzen wirken.

Dagegen sind jedoch wesentliche Einwendungen zu erheben, worüber hier kurz Folgendes bemerkt werde.

---

[1] Organische Bewegung S. 67.
[2] a. a. O. S. 70, Z. 5 v. o. ff.

Wenn derartige Kräfte beständen, müssten z. B. freier Wasserstoff und Sauerstoff chemische Arbeit enthalten, die bei ihrer Trennung aus Wasser in Bezug auf ihre Anziehungskräfte geleistet wird.

Durch dieselbe würden Wasserstoff und Sauerstoff von einander getrennt, aber ihr Zustand nicht geändert, dieser würde vielmehr, soweit die angenommene Arbeit in Betracht kommt, derselbe bleiben, wie er in der Verbindung war, analog wie ein Gewicht in seinem inneren Zustande ganz ungeändert bleibt, wenn es gehoben wird.

Nun nimmt 1 Gramm Wasserstoff in 9 Gramm Wasser von 0°, wenn man es sich darin gesondert vorstellt, noch nicht 9 CC ein, wogegen es als freies Gas mehr als 11 Liter erfüllt.

Bei der Zerlegung des Wassers ist also dem Wasserstoff Energie zuzuführen, die gleich derjenigen ist, die ihm entzogen werden muss, um ihn ohne Druck aus dem Volumen von 1. 11 Liter auf das von weniger als 9 CC zu reduziren, und eine entsprechende Energie muss auch der Sauerstoff aufnehmen.

Schreibt man den chemischen Kräften ein Potential zu, so kann man kurz sagen, die erwähnten Arbeitsäquivalente ändern das Potential der Körper in Bezug auf sich selbst, aber nicht dasjenige, das sie gegen einander haben.

Dass aber der Arbeitswerth der letzteren Aenderung verschwindend klein ist, ergiebt sich aus Folgendem.

Der schwächste elektrische Strom kann bekanntlich Verbindungen mit sehr hoher chemischer Wärme zerlegen. Diese Thatsache erklärt sich dadurch, dass der Strom eben nur die Arbeit zur Aenderung des Potentials der beiden Jonen in Bezug aufeinander zu leisten hat, und dass diese verschwindend klein ist; wogegen die Arbeit, die die voneinander getrennten Jonen zur Aenderung ihrer Potentiale auf sich selbst verbrauchen, ausserhalb der Strombewegung durch freiwillige Wärmeaufnahme aus dem Elektrolyten geleistet wird.

Die ausführlichere Erörterung der chemischen Vorgänge muss hier unterbleiben, da sie uns zu weit von der vorliegenden Aufgabe entfernen würde.

Ganz allgemein habe ich das Problem der Anziehungs-
und Abstossungskräfte weiter unten erörtert.[1]

---

[1]) S. 84. ff.

Zur Ergänzung gestatte ich mir auf meine nachstehend angeführten
Untersuchungen über chemische und elektrolytische Vorgänge, deren Fortsetzung ich beabsichtige, zu verweisen:

Th. Gross, Ueber die Prinzipien der Thermodynamik chemischer
Vorgänge, Exner, Repertorium, 1891, S. 451—470;

Beiträge zur Theorie des galvanischen Stromes. Sitzungsber. d. Kais
Akad. d. Wiss. z. Wien, Bd. XCVIII; S. 852—864.

Elektrochemische Zeitschrift: Ueber die Arbeit bei der Elektrolyse.
1894, 9; 1895, 1; Ueber die Stromarbeit, 1896, 10.

Galvanismus.

Volta's Fundamentalversuch und Säule.

Mayer betrachtet zuerst die Elektrizitätserregung bei
Berührung zweier Metalle. Er beschränkt sich auf die Bemerkung, dass zur Trennung der Metalle, wenn sie durch
gegenseitige Berührung entgegengesetzt elektrisch geworden
sind, ein Aufwand von mechanischem Effekt, »wie bei der
Erregung von Vertheilungselektrizität durch den Elektrophor, erforderlich ist«.

Der Vergleich mit dem Elektrophor ist aber doch nicht
zutreffend. Die bei der Senkung von dessen Deckel nicht
zurückgewonnene Arbeit und die ihm entzogenen elektrischen
Effekte stellen eine Energieverwandlung dar, deren Analogon
hier bei der blossen Trennung der entgegengesetzt elektrischen
Metalle fehlt. Denn die bei letzterer zu leistende mechanische
Arbeit kann nicht die Ursache der elektrischen Differenz der
Metalle sein; die Ursache der letzteren ist vielmehr in molekularen oder chemischen Vorgängen zu suchen, die zwischen
deren sich berührenden Oberflächen erfolgen.

Bezüglich der Volta'schen Säule erkennt Mayer klar,
dass die chemischen Vorgänge in ihr das Aequivalent der
Stromwärme geben.

Schlusswort.

Nachdem R. Mayer die Verwandlung der Kraft in den einzelnen Zweigen der Physik dargestellt hat, giebt er noch ein Schema aller Kraftverwandlungen und geht dann dazu über, die Geltung seines Prinzips in der organischen Welt nachzuweisen. Drei Jahre darauf wendet er es in »Beiträge zur Dynamik des Himmels« auch auf die Entstehung der Sonnenwärme an.

Auf diese Untersuchungen, so bedeutend sie sind, näher einzugehen, muss ich mir nach dem Plane meiner Schrift versagen; dagegen mögen nun noch einige Bemerkungen über seine Leistungen folgen.

Für Mayer ist die Erhaltung der Energie nicht bloss eine mathematische Formel oder ein regulatives Prinzip, das das Wirken der Natur bestimmt; sondern sie ist die reale Kausalität in der Natur, das Wirken der Natur selbst.

»Es giebt in Wahrheit nur eine einzige Kraft. In ewigem Wechsel kreist dieselbe in der todten wie in der lebenden Natur. Dort und hier kein Vorgang ohne Formveränderung der Kraft.« [1]

Diese Vorstellung hat er in seinen Schriften streng durchgeführt, sie lässt letztere selbst als Natur erscheinen, indem sie ihn von allen künstlichen Hypothesen zurück hält. Denn das Walten der erscheinenden Natur kann nur in ihr selbst, d. h. in den Erscheinungen, seine Bestimmungsgründe haben, nicht in etwas ausser ihr Liegendem, sei letzteres nun eine Hypothese, die für nichts weiter als eine solche ausgegeben wird, oder eine angebliche metaphysische Grundursache.

---

[1] Organische Bewegung. S. 48.

Hierin stimmt Mayer in Wahrheit ganz mit Darwin überein, wenn er auch dessen Lehren abgeneigt war.

Wir können uns aber der Natur in der Wissenschaft nur durch Abstraktionen bemächtigen, und im Besonderen die Physik arbeitet mit sehr abstrakten Begriffen. Denn Mass und Zahl zu bestimmen, ist ihre höchste Aufgabe, wie ja Mayer selbst wiederholt hervorhebt.

Doch die Natur besteht aus ganz verschiedenartigen Dingen und Vorgängen. Ein heisser Körper z. B. und ein fallendes Gewicht haben für die unmittelbare Wahrnehmung durchaus keine Aehnlichkeit, und wir gelangen zu ihrer Vergleichung nur, indem wir ihre Wirkungen unter den ganz abstrakten Begriff der mechanischen Arbeit subsummieren. Letzterer aber verräth deutlich den technischen Zweck, für den er ersonnen ist. Denn für das organische Leben ist durchaus nicht Alles gleichwerthig, was sich durch dasselbe Produkt aus Meter und Kilogramm messen lässt.

Für die Erhaltung der Energie ist nun die mechanische Arbeit oder, wenn man will, die ihr identische gleiche lebendige Kraft der Grundbegriff: sie berücksichtigt nur solche Zustandsänderungen, die mit Arbeitsänderungen proportional sind. Allerdings Alles, was wir in der Natur wahrnehmen, ist eine Ursache oder Wirkung, d. h. eine Kraft im Sinne Mayer's; aber zu untersuchen bleibt doch noch, ob die mathematische Form der lebendigen Kraft oder der mechanischen Arbeit die einzige und endgültige für den Ausdruck der Kraft, als reale Ursache oder Wirkung gedacht, ist.

Diese Unterscheidung beachtet Mayer nicht genügend: er legt das Kausalgesetz als den Zusammenhang des Vergehens und Werdens in der Natur aus und nimmt dann ohne Weiteres die mathematischen Funktionen der Arbeit und lebendigen Kraft als die nothwendigen Formen der realen mechanischen Zustandsänderungen an. Die Wahl gerade dieser Funktionen lässt sich ja zweifellos als höchst zweckmässig motivieren durch den Hinweis auf die unermessliche Fülle von Vorgängen, die ihnen unterzuordnen sind: aber theoretisch kann eine solche Begründung nicht befriedigen.

Zugegeben, alles Vergehen und Werden steht in der Natur in nothwendigem Zusammenhange, so dass das eine einen Ersatz für das andere bietet, zugegeben ferner, dass die Naturwissenschaft den gewaltigsten Fortschritt gemacht hat, indem sie die realen Zustandsänderungen daraufhin untersucht, welchen Betrag von lebendiger Kraft oder Arbeit sie ergeben; aber der nothwendige Zusammenhang zwischen diesen mathematischen Funktionen und den realen Vorgängen ist dadurch doch nicht erwiesen.

So ist denn auch die Möglichkeit nicht abzuweisen, dass die Erhaltung der Energie nur einen Ruhepunkt bildet in dem Fortschritte zu einem noch allgemeineren Prinzip. Die nächste Aufgabe der Wissenschaft ist es aber, die von Robert Mayer gelegten Fundamente zu ergänzen und zu verstärken, und den Bau, den er auf ihnen begonnen hat, weiter auszuführen, wobei allem Anschein nach an den von ihm hinterlassenen Skizzen wenig zu ändern sein wird.

Nicht einverstanden kann ich aus den oben angegebenen Gründen mit seinen rein mechanischen Vorstellungen sein, immerhin war jedoch die Einführung der Kraft des räumlichen Abstandes für die Energetik sehr wichtig, wenn auch seine darauf bezüglichen Erörterungen nach meiner Meinung der Klarheit ermangeln.

Sobald er aber in das konkretere Gebiet der physikalischen Vorgänge gelangt, schreitet er mit sicherem Schritte vorwärts, besonnen die labyrinthischen Irrwege vermeidend, worin andere sich unrettbar verloren.

Kraft ist das Aequivalent einer Bewegungsänderung, aber worin dieses besteht, kann nur die Erfahrung lehren.

Das ist seine bisher unübertroffene Definition der Energie.

Dann bestimmt er vollkommen bündig, durch Ausschluss aller anderen Wirkungen, die Wärme als eine Kraft und erhält ihren mechanischen Werth aus der Vergleichung der beiden spezifischen Wärmen der Luft. Diese Bestimmung der Konstante aus Konstanten ist zweifellos einer der genialsten Gedanken der Physik.

Nach der Wärme behandelt er die übrigen Kraftformen nur kurz, was durch sachliche Gründe und durch die Aufgabe, die er sich stellte, vollständig zu rechtfertigen ist. Denn erstens war die Wärmelehre für die Einführung des Prinzips der Energie-Erhaltung in die Physik das bei Weitem wichtigste Gebiet, und dann ist auch der physikalische Theil seiner Abhandlung über »Die organische Bewegung« u. s. w. nur eine Einleitung zu deren physiologischem Haupttheile, für den wiederum die Wärmelehre von allen Zweigen der Physik am Wichtigsten war.

Doch auch seine kurzen Aeusserungen enthalten, wie wir oben sahen, Bedeutendes.

In der Elektrostatik betrachtet er als ein sehr treffendes Beispiel der Kraftverwandlung das Verhalten des Elektrophors, und spricht sich entschieden gegen die Auffassung der Elektrizität als Fluidum aus. [1]

Im Magnetismus giebt er einen höchst wichtigen Versuch an über die Erzeugung von Wärme durch den Wechsel der Magnetpole.

Im Galvanismus erkennt er in der chemischen Energie das Aequivalent der Stromwärme.

Da er von einer mathematischen Behandlung der Erhaltung der Energie absah, war das nach dem damaligen Zustande der Wissenschaft das Wesentlichste, was er über das neue Prinzip sagen konnte, wie im Verlaufe dieser Schrift sich noch zeigen wird.

Wenn wir aber Mayer gerecht würdigen wollen, müssen wir überdies noch berücksichtigen, dass er sich, wie seine Schriften zeigen, durchaus nicht allein die Aufgabe stellte, die Verwandlung der Kraft als ein Gesetz der speziellen Physik zu begründen, sondern er wollte sein Prinzip als das kosmische aufweisen.

In einem solchen Plane war die eigentliche Physik nur ein einzelnes Kapitel, wenn auch das wichtigste.

Seine Hauptschriften könnten daher ganz wohl unter dem Titel »Kosmos« vereinigt werden; ja sie entsprechen diesem Titel durch die Einheit ihres Prinzips unvergleichlich viel mehr als das geistvollste und gelehrteste Sammelwerk.

---

[1] M. vergl. diese Schrift S. 18, Anm. 2.

Doch hiermit ist die Bedeutung des ausserordentlichen
Mannes noch nicht erschöpft.

Seine Formulirung des Kausalgesetzes ist, wie an dem
betreffenden Orte bereits hervorgehoben wurde, wenn
auch nicht logisch von ihm begründet, so doch höchst
fruchtbar: sie macht dasselbe erst zur Behandlung eines
einzelnen Falles geeignet.

Und wie sie Mayer zu seiner herrlichen Bestimmung
des mechanischen Wärmeäquivalentes führte, so ist andererseits
zu erwarten, dass sie auch für die Logik selbst noch eine
grosse Bedeutung erlangen wird.

Nachdem wir im Vorstehenden Mayer's Leistungen in
der physikalischen Energetik unbefangen geprüft haben, ist
sein Grössenverhältniss zu Joule leicht festzustellen.

Joule hat Rumford's Versuche ausgezeichnet fort-
gesetzt und den Schluss auf das mechanische Wärmeäquivalent daraus gezogen; aber sein Gesichtskreis war viel
enger als derjenige Mayer's.

Denn erstens ist des letzteren Methode zur Bestimmung
der genannten Zahl prinzipiell besser und viel genialer als
Joule's sämmtliche Versuche, und zweitens hat dieser sich
zu einer wissenschaftlichen Auffassung der Erhaltung der
Energie gar nicht aufgeschwungen. An die Stelle der
logischen Prinzipien tritt bei ihm der Schöpfer, der die
Kraft erhält.[1])

Auch Colding, der etwa ein Jahr später als Mayer
das mechanische Wärmeäquivalent aus der Reibungswärme bestimmte, hatte über die Erhaltung der Energie sehr unklare
phantastische Vorstellungen[2]) und an geistiger Bedeutung
erreicht er ihn durchaus nicht.

Am Ende des von H. von Helmholtz handelnden
Theiles dieser Schrift werde ich auf R. Mayer's Leistungen

---

[1] a. a. O. S. 39, Z. 5. v. o.: S. 75. Z. 14 v. u.
[2]) M. vergl. Rosenberger, Geschichte der Physik, Bd. VII.;
Braunschweig. Vieweg. 1887—90; S. 374. Danach hielt Colding die
Kräfte für geistige unmaterielle Wesen, die viel höher stehen als jedes
andere materiell existirende u. s. w.

nochmals zurückkommen, indem ich sie mit denen von H. von Helmholtz vergleiche.

R. Mayer hatte die Erhaltung der Energie logisch und empirisch erörtert; ihrer Natur nach fordert sie aber auch eine mathematische Darstellung.

Der Erste, der dieselbe unternahm, war von Helmholtz; wie er seine Aufgabe löste, werden wir in dem zweiten Theile dieser Schrift untersuchen.

Ueber die Erhaltung der Kraft.

Eine physikalische Abhandlung

von

H. von Helmholtz.

Vorbemerkung.

Hermann von Helmholtz wurde seiner Angabe nach ebenso wie Robert Mayer »von Seite der Physiologie zu den auf die Erhaltung der Kraft bezüglichen Untersuchungen geführt«;[1] er berührt auch zum ersten Mal öffentlich dieses Thema in seinem »Bericht über die Theorie der physiologischen Wärmeerscheinungen für 1845«.[2]

Im Jahre 1847 erschien seine Abhandlung »Ueber die Erhaltung der Kraft«, deren Inhalt im Folgenden unter Berücksichtigung der späteren Zusätze ihres Verfassers eingehend erörtert werden soll, wobei ich auch Stellen aus dessen anderen Schriften, soweit es zweckmässig scheint, heranziehen werde.

Die einzelnen Abschnitte der Untersuchung entsprechen denen der genannten Abhandlung.

---

[1] von Helmholtz, Vorträge und Reden, Braunschweig, Vieweg, 1884, I S. 350, Z. 2 v. u.

[2] Helmholtz, Wissenschaftliche Abhandlungen I. Leipzig, J. A. Barth, 1882, S. 3 ff.

Auf diese Sammlung beziehen sich, wenn nichts anderes angegeben wird, alle angeführten Seitenzahlen.

Einleitung.[1]

Gründe zur Erörterung der Einleitung und Beschränkung der ersteren. — Wege zur Begründung der Erhaltung der Energie und letztes Ziel der Naturwissenschaft nach von Helmholtz. — Letzte Ursachen. — Materie: »Materie an sich.« — Masse. Chemische Elemente. — Spätere Auffassung der Kausalität bei von Helmholtz. — Bewegung. — Punktkräfte. — Fernkräfte als letzte Ursachen. — Rückblick.

In einem späteren Zusatze schreibt von Helmholtz:
»Die philosophischen Erörterungen der Einleitung sind durch Kant's erkenntniss-theoretische Ansichten stärker beeinflusst, als ich jetzt noch als richtig anerkennen möchte.«[2]

Trotz ihrer dadurch ausgesprochenen bedingten Zurücknahme müssen wir jedoch auf diese angeblich philosophischen Erörterungen hier genauer eingehen; denn da sie von Helmholtz in der Sammlung seiner Abhandlungen wieder hat abdrucken lassen, musste er selbst sie doch noch für lesenswerth halten, und es giebt ja auch Physiker, die darin eine logische Ableitung der Erhaltung der Energie zu finden glauben. Ueberdies hängen sie, wie wir sehen werden, mit seinen späteren logischen Aeusserungen eng zusammen.

Ich werde mich jedoch darauf beschränken, die Ausführungen des Autors kritisch zu prüfen, ohne einen

---

[1] S. 12—17.
[2] S. 68, Zusätze 1.

bestimmten Standpunkt in der Erkenntnisstheorie geltend zu machen.[1]

Von Helmholtz geht von der Behauptung aus, die in seiner Abhandlung aufgestellten Sätze, d. h. also die Erhaltung der Energie, könnten von zwei Ausgangspunkten hergeleitet werden, nämlich

> »entweder von dem Satze, dass es nicht möglich sein könne, durch die Wirkung irgend einer Kombination von Naturkörpern auf einander in das Unbegrenzte Arbeitskraft zu gewinnen, oder von der Annahme, dass alle Wirkungen in der Natur zurückzuführen seien auf anziehende und abstossende Kräfte, deren Intensität nur von der Entfernung der auf einander wirkenden Punkte abhängt«.[2]

Beide Sätze sind nach ihm identisch, wofür er am Anfange seiner Abhandlung selbst einen Beweis gegeben haben will. Wir nehmen von dieser Behauptung vorläufig Kenntniss, bis wir zu der Stelle gelangt sind, wo der in Aussicht stehende Beweis sich finden soll.

Diese Sätze haben indessen, so fährt er dann fort,

> »noch eine wesentlichere Bedeutung für den letzten und eigentlichen Zweck der physikalischen Naturwissenschaften überhaupt, welchen ich in dieser abgesonderten Einleitung darzulegen versuchen werde.«

Statt Zweck wollte er wohl sagen Ziel: also wir wollen das letzte Ziel der Physik kennen lernen. Das ist ein sehr hohes Versprechen; es ist sogar so hoch, dass man an seiner Erfüllung zweifeln muss.

Denn sollte es wohl möglich sein, schon jetzt das letzte Ziel der Physik zu erkennen? Hat es überhaupt einen Sinn, von ihrem letzten Ziele zu sprechen? Ich denke, je weiter wir in der Wissenschaft vordringen, desto weitere Ausblicke eröffnen

---

[1] In meiner obengenannten Schrift »Ueber den Beweis des Prinzips von der Erhaltung der Energie« habe ich die »Einleitung« ebenfalls bereits kurz erörtert. Die Zurückhaltung, die ich mir dabei auferlegte, ist jedoch von mancher Seite zu ihren Gunsten ausgelegt worden, wodurch ich mich zu einer bestimmteren Aussprache meiner Meinung über sie genöthigt sehe.

[2] S. 12.

sich; wir dürfen daher das letzte Ziel jedenfalls nur in sehr bedingtem Sinne verstehen.

Freilich, was uns der Autor nun darüber mittheilt, kann auch den beschränktesten Anforderungen nicht genügen. Er schreibt:

> »Aufgabe der genannten Wissenschaften ist es, einmal die *Gesetze* zu suchen, durch welche die einzelnen Vorgänge in der Natur auf *allgemeine Regeln* zurückgeleitet und aus den letzteren wieder bestimmt werden können. *Diese Regeln, z. B. das Gesetz* der Brechung oder Zurückwerfung des Lichts, das von Mariotte und Gay Lussac sind offenbar nichts als allgemeine Gattungsbegriffe, durch welche sämmtliche dahin gehörige Erscheinungen umfasst werden.« [1]

Also erstens: wir sollen *Gesetze* aufsuchen, um die Naturvorgänge auf *allgemeine Regeln* zurückzuführen!

Und zweitens: diese *Regeln* sind nichts anderes als *Gesetze;* denn als Beispiele von *Regeln* werden die *Gesetze* von Mariotte u. s. w. genannt.

Diese Aufgabe der Physik ist somit nach von Helmholtz *Gesetze zu suchen, durch die die Naturvorgänge auf Gesetze zurückgeführt werden.*

Ueber den objektiven Werth dieser Bestimmung ist jedes Wort überflüssig; sie ist aber von Wichtigkeit, zur Beurtheilung des Vermögens unseres Autors mit Begriffen zu operieren. Was er sagt, ist wörtlich genommen, reiner Unsinn, und wenn wir uns noch so sehr bemühen, seine verworrenen Worte zu deuten, so erhalten wir doch keinen anderen Sinn als den folgenden:

Es ist die Aufgabe der Physik, die Naturvorgänge auf allgemeine Gesetze oder Regeln zurückzuführen, die nichts anderes als Gattungsbegriffe sind.

Und diesen auch zu der Zeit, da er schrieb, nicht neuen Satz vermochte von Helmholtz nicht ohne die absonderlichste logische Verrenkung vorzubringen!

---

[1] a. a. O. S. 13.

Nachdem er dann noch die vorstehend formulierte
Aufgabe im Besonderen der experimentellen Wissenschaft
zugewiesen hat, wendet er sich zu dem theoretischen Theile
der Physik. Letzterer sucht nach ihm

> »die unbekannten Ursachen der Vorgänge aus ihren
> sichtbaren Wirkungen zu finden; er sucht dieselben
> zu begreifen nach dem Gesetze der Kausalität.« [1])

Hierin fällt zunächst wiederum eine Nachlässigkeit des
Ausdruckes auf: statt »sichtbaren« müsste es offenbar heissen
»wahrnehmbaren«.

Also einfach, die theoretische Physik sucht die Kausalität
der Naturvorgänge zu bestimmen. Die Berechtigung »zu
diesem Geschäfte« erklärt er aus dem Grundsatze, »dass
jede Veränderung in der Natur eine zureichende Ursache
haben müsse«.

Er fährt dann fort:

> »Die nächsten Ursachen, welche wir den Natur-
> erscheinungen unterlegen, können selbst unveränder-
> lich sein oder veränderlich; im letzteren Falle
> nöthigt uns derselbe Grundsatz (d. h. das Kausal-
> gesetz. G.) nach anderen Ursachen wiederum dieser
> Veränderung zu suchen, und so fort, bis wir zuletzt
> zu letzten Ursachen gekommen sind, welche nach
> einem unveränderlichen Gesetze wirken, welche
> folglich zu jeder Zeit unter denselben äusseren Ver-
> hältnissen dieselbe Wirkung hervorbringen.« [2])

Diese Schlussfolgerung ist doch allzu naiv! Als ob die
Kette von Ursachen und Wirkungen nicht unendlich sein
könnte. Eine solche Möglichkeit kommt aber dem Autor
gar nicht in den Sinn.

Ganz unklar ist auch die Einführung der »äusseren
Verhältnisse« *neben* den letzten Ursachen. Von diesen
nicht definirten, ganz unbestimmten Verhältnissen soll die
Wirkung der letzten Ursachen abhängen! Denn der Satz,
dass letztere unter denselben äusseren Verhältnissen dieselben
Wirkungen hervorbringen, ist doch so zu verstehen, dass

---

[1]) S. 13. Z. 10 v. o. ff. Den späteren Zusatz werde ich weiter unten
erörtern.

[2]) S. 13.

sie unter verschiedenen äusseren Verhältnissen verschieden wirken: aber die »äusseren Verhältnisse« müssten doch wie alles andere von den letzten Ursachen abhängen.

Was von Helmholtz hier über die letzten Ursachen sagt, ist also ganz unzulänglich. Weiter unten wird sich Anlass finden, auf das Problem nochmals zurückzukommen.

Nach der Kausalität unternimmt es von Helmholtz den Begriff der Materie zu untersuchen, worüber er Nachstehendes schreibt.

»Die Wissenschaft betrachtet die Gegenstände der Aussenwelt nach zweierlei Abstraktionen: einmal ihrem blossen Dasein nach, abgesehen von ihren Wirkungen auf andere Gegenstände oder unsere Sinnesorgane; als solche bezeichnet sie dieselben als Materie. *Das Dasein der Materie an sich ist* uns also *ein ruhiges, wirkungsloses;* wir unterscheiden an ihr die räumliche Vertheilung und die Quantität (Masse), welche als ewig unveränderlich gesetzt wird.« [1]

Hiernach bemerkt er, dass Qualitäten Kräfte sind, wir daher der »Materie an sich« keine Qualitäten zuschreiben dürfen, und schliesst seine Ausführungen über sie mit folgendem Satze:

»*Die Materie an sich kann* deshalb auch *keine andere Veränderung eingehen als* eine räumliche d. h. *Bewegung.*« [2]

Gegen diese Auslassungen ist allerdings viel einzuwenden.

Um mit dem Geringsten zu beginnen: die Ausdrucksweise unseres Autors ist auch hier wiederum äusserst ungeschickt. Er bezeichnet seine »Materie an sich« als eine Abstraktion und spricht doch von ihrem Dasein: also ein Abstraktum hat nach ihm Dasein!

Doch dieser Fehler liesse sich allenfalls beseitigen; ganz unheilbar ist aber der folgende Unsinn.

---

[1] S. 14, Z. 1 v. o. ff.
[2] S. 14, Z. 12 v. o. ff.

Nach dem ersten vorstehend angeführten Absatze ist das Dasein der Materie an sich« ein »ruhiges, wirkungsloses«.

Diese Bestimmung kann doch keinen anderen Sinn haben, als den, dass von der »Materie an sich« mit logischer Nothwendigkeit Bewegung und Wirkung ausgeschlossen sind.

Doch gleich darauf, in dem zweiten Absatze, lesen wir, die Materie an sich kann sich bewegen!

Aber eine bewegte Masse ist doch nicht ruhig und ist auch nicht wirkungslos; denn sie besitzt lebendige Kraft, die immer wirkt: oder die Masse müsste sich in einem absolut leeren Raum bewegen, der wenigstens bei irdischen Bewegungen nie vorhanden ist. Räumliche Vertheilung und Bewegung sind doch auch nicht an der »Materie an sich«, sondern an der wirkenden Erscheinung zu unterscheiden.

So verworrene Behauptungen wie die vorstehend erörterten unseres Autors beweisen dessen Unfähigkeit, mit Begriffen zu operieren, die immer deutlicher hervortritt, je weiter wir seine Ausführungen verfolgen.

Er bezeichnet als Materie an sich« dasjenige, was von der konkreten Masse übrig bleibt, wenn man vollständig von ihren Wirkungen absieht. Soweit würde also seine »Materie an sich« mit Kant's »Ding an sich« übereinstimmen: sie wäre das unbekannte Etwas, dessen Sein nicht einmal behauptet werden kann; da wir eben die Materie nur kennen, insofern sie erscheint, d. h. auf unsere Sinne wirkt.

Demgemäss schreibt auch von Helmholtz dass wir die Materie nur durch ihre Kräfte oder Wirkungen nie an sich selbst wahrnehmen«.[1]

Gleichwohl glaubt er aber über seine Materie an sich« ganz bestimmte Angaben machen zu können: indem er, wie wir oben sahen, an ihr räumliche Vertheilung und Quantität oder Masse unterscheidet, und ihr auch Bewegung zuschreibt: er identifiziert sie demnach mit der Masse der Mechanik.

Das ist vollständiger Widersinn.

Der mechanische Begriff der Masse ist ein Abstraktum, das sich auf die erscheinende Materie bezieht; die Materie an sich ist weder ein derartiges Abstraktum noch ein Konkretum.

---

[1] S. 14, Z. 5 v. u.

Sie ist kein Konkretum; denn Konkreta sind Erscheinungen; sie ist kein auf die Erscheinung sich beziehendes Abstraktum: denn ziehen wir alle Sinneswahrnehmungen von der Materie ab, so schliessen wir damit auch alle solche Begriffe von ihr aus, die sich auf Sinneswahrnehmungen beziehen.

Dagegen bezieht sich die Masse auf die erscheinende Materie. Denn erstens sind das Gewicht und die Beschleunigung g Abstrakta, die den wahrgenommenen Körpern zukommen. Bezeichnen wir nun die Grösse der Masse mit M und die des Gewichtes mit Q, so ist $M = \frac{Q}{g}$ eine Funktion von Q und g und bezieht sich somit wie diese auf die Erscheinung. Ferner kommt ein und derselbe Werth von M einer beliebigen Anzahl von Körpern zu, deren Gewicht verschieden ist, und die sich in beliebigen Abständen vom Erdmittelpunkte befinden: derselbe ist somit ein Abstraktum und die Masse, allgemein gedacht, ist das allen einzelnen Massen gemeinsame Abstraktum.

Bezieht sich Q stets auf ein und denselben Körper, von dem nichts abgenommen und dem nichts zugesetzt wird, so ist der Quotient M konstant und von der Gravitation unabhängig; dieser Umstand mag von Helmholtz bewogen haben, die Masse irrthümlich mit seiner »Materie an sich« zu identifizieren.

Denn alle anderen Gattungsbegriffe ausser den auf die Gravitation bezüglichen Begriffen Gewicht und Beschleunigung g sind von der mechanischen Masse bereits abgesondert; wären nun auch diese von ihr abgezogen, so bliebe die »Materie an sich«, abgesehen von allen Gattungsbegriffen, übrig. Aber wir haben hier nicht die Masse einer bestimmten konkreten Stoffmenge, sondern die Masse überhaupt zu betrachten; und diese hängt von den auf die Gravitation bezüglichen Begriffen Gewicht und Beschleunigung g ab, woran nichts dadurch geändert wird, dass sie für besondere Bedingungen eine Konstante ist. Giebt es doch, wie jeder weiss, auch andere Funktionen, die sich derartig verhalten. So wird z. B. das Volumen v einer gegebenen Menge eines schwer zu verflüssigenden Gases eine Konstante, wenn sein Druck p und seine absolute Temperatur 𝜗 sich in demselben Verhältnisse ändern; und doch wird Niemand bezweifeln, dass v eine Funktion von p und 𝜗 ist.

Wäre »Masse« dasjenige, was übrig bleibt, wenn wir alle Sinneswahrnehmungen und somit implicite auch deren Gattungen von der Materie abziehen, so müsste sie ferner auch übrig bleiben oder, wie von Helmholtz sagt, ein Dasein haben, wenn Druck und Beschleunigung Null würden, oder mit anderen Worten die Gravitation aufhörte. Sie hätte aber alsdann den vieldeutigen Ausdruck $M = \dfrac{Q}{g} = \dfrac{o}{o}$, der im vorliegenden Falle überhaupt keinen Sinn erhalten könnte; da Q und g identisch Null wären.

Also Masse ist ein Abstraktum, das sich auf die erscheinende Masse bezieht und mit den Begriffen Druck und Gewicht von ihr abgeschieden wird.

Die »Materie an sich« wäre somit erst zu erhalten, nachdem wir ausser allen Gattungsbegriffen auch den der Masse von der erscheinenden Materie abgesondert haben, und es ist ganz unlogisch, wenn von Helmholtz an der »Materie an sich« Masse unterscheiden will.

Ganz verkehrt ist auch der feierliche Ausspruch, dass die Masse »als ewig unveränderlich gesetzt wird«.[1] Denn erstens könnte »Vergänglichkeit« oder »Ewigkeit« überhaupt nur von Grössen ausgesagt werden, die in der Zeit aufgefasst, d. h. die Konkreta sind, wogegen, wie bewiesen, die Masse ein Abstraktum ist, und zweitens käme ewige Unveränderlichkeit nur solchen Grössen zu, die mit logischer Nothwendigkeit unveränderlich sind. Von der Masse eines Körpers ist aber nur zu sagen, dass sie erfahrungsmässig konstant ist, wie eine kurze Auseinandersetzung zeigen wird.

Der konkrete Stoff ist ewig, oder unschaffbar und unzerstörbar: das ist eine logisch nothwendige Voraussetzung aller Naturerkenntniss. Dieselbe folgt, wie ich an anderer Stelle gezeigt habe,[2] aus dem Kausalgesetze; und wenn man auch diese Ableitung verwerfen wollte, so wird doch die

---

[1] M. vergl. oben S. 65 Z. 18 v. o.
[2] M. vergl. meine bereits angeführte Schrift »Ueber den Beweis u. s. w.« S. 3.

Nothwendigkeit der Voraussetzung selbst ganz unbestritten bleiben: Niemand wird behaupten, dass z. B. ein Stück Gold oder Blei in irgend einem Teile aus Nichts entsteht oder zu Nichts wird.

Die Konstanz der Masse eines Körpers könnte dagegen sehr wohl fortfallen. Dazu wäre nur nothwendig, dass die sogenannte Anziehungskraft der Erde eine andere Form hat, als diejenige, die ihr erfahrungsmässig zukommt. Wären z. B. ihre Wirkungen auf die einzelnen Teilchen eines Körpers nicht einfach zu summieren, sondern von deren gegenseitiger Lage abhängig, so würde für ein und denselben Körper die Gleichung Q = Konst. × g, und folglich auch die Gleichung Masse = Konst. nicht mehr bestehen. Aber die Form der sogenannten Schwerkraft ist nur erfahrungsmässig festzustellen, und nicht logisch nothwendig; folglich gilt auch die Konstanz der Masse nur thatsächlich und nicht nothwendig.

Die Konstanz der Masse ist auch keineswegs immer als selbstverständlich angesehen worden, sondern es sind noch in neuester Zeit Versuche zu ihrer Prüfung angestellt, indem eine chemische Reaktion in einem vollständig abgeschlossenen Raume durchgeführt, und das Gewicht der dazu verwendeten Substanzen vor und nach dem Versuche bestimmt wurde.[1]

Wenn sich nun auch, wie zu erwarten war, hierbei keine Gewichtsänderung erkennen liess, so war doch die Frage, ob die Schwere und folglich auch die Masse von der Anordnung der Körperelemente abhängt, immerhin berechtigt.

Was von Helmholtz über die Materie äussert, hat sich im Vorstehenden als ganz unhaltbar erwiesen, ohne dass wir uns tiefer in das Gebiet der Erkenntnistheorie hineinbegaben und darin eine bestimmte Stellung einnahmen. Er begeht eben Fehler gegen die Gesetze der alltäglichen formalen Logik. Denn seine Angaben über das Verhalten seiner »Materie an sich« widersprechen einfach sich selbst, und die Identifikation der Materie an sich mit der Masse beweist völlige Unklarheit bezüglich der Bedeutung der Abstrakta.

---

[1] M. vergl. Kreichgauer, Verhandl. d. physik. Ges. z. Berlin 1891, 2, S. 13.

Und diese seine von Grund aus verworrenen Behauptungen erklärt er für zu stark durch Kant beeinflusst!

Aber wie Jeder, der sich auch nur oberflächlich mit Kant beschäftigt hat, sieht, hat er dessen Lehre vom »Ding an sich« garnicht begriffen; sonst hätte er eine solche logische Missgeburt wie seine »Materie an sich‹ nicht zu Tage fördern können.

Also etwas mehr Kant wäre ihm sehr dienlich gewesen.

Von Helmholtz versichert hiernach, dass Kraft und Materie in der Wirklichkeit nie von einander getrennt sind, ein Satz, den ihm Niemand bestreiten wird, zu dessen Verständniss aber seine vorstehend erörterte Begriffsmengerei nicht das Geringste beiträgt, und glaubt uns nun genügend vorbereitet, um seine letzten Ursachen kund zu geben.[1])

»Wir haben oben gesehen, dass die Naturerscheinungen auf unveränderliche letzte Ursachen zurückgeführt werden sollen, diese Forderung gestaltet sich nun so, dass als letzte Ursachen der Zeit nach unveränderliche Kräfte gefunden werden sollen. Materien mit unveränderlichen Kräften (unvertilgbaren Qualitäten) haben wir in der Wissenschaft chemische Elemente genannt. Denken wir uns aber das Weltall zerlegt in Elemente mit unveränderlichen Qualitäten, so sind die einzigen noch möglichen Aenderungen in einem solchen System räumliche, d. h. Bewegungen, und die äusseren Verhältnisse, durch welche die Wirkung der Kräfte modifizirt wird, können nur noch räumliche sein, also die Kräfte nur Bewegungskräfte, abhängig in ihrer Wirkung nur von den räumlichen Verhältnissen.

Also näher bestimmt: Die Naturerscheinungen sollen zurückgeführt werden auf Bewegungen von Materien mit unveränderlichen Bewegungskräften, welche nur von den räumlichen Verhältnissen abhängig sind.‹

Auch hiergegen ist wiederum viel einzuwenden.

---

[1]) S. 14 a. E. u. S. 15.

Erstens: wir haben oben nicht gesehen, dass die Natur-erscheinungen auf letzte Ursachen zurückgeführt werden *sollen*; sondern nur, dass sie von Helmholtz darauf zurück-führen *wollte*.

Zweitens: wie schon oben[1]) ist auch hier wiederum die Einführung der räumlichen Verhältnisse neben den letzten Ursachen ganz unklar. Ursachen, die von etwas Anderem abhängen, sind offenbar nicht mehr letzte. Die räumlichen Verhältnisse sollen also wohl allerletzte Ursachen sein. Wenn sie wenigstens genau definiert würden; doch das hält von Helm-holtz nicht für nöthig. Einen mystischen, undefinierten Aus-druck macht er zum Hauptpfeiler seiner ganzen Theorie! Denn was kann wichtiger sein, als dasjenige. wovon selbst die letzten Ursachen abhängen?

Drittens: es ist reine Willkür, dass er die chemischen Elemente für Materien mit unveränderlichen Qualitäten er-klärt und hieraus folgert, sämmtliche Kräfte müssten Be-wegungskräfte sein. Die chemischen Elemente verhalten sich in gewissen Grenzen chemisch unveränderlich, oder in seiner Ausdrucksweise, ihre chemischen Qualitäten sind bedingt un-vertilgbar. Dagegen sind ihre physikalischen Qualitäten, wie Kohäsion, Elastizität, Wärmeleitung u. s. w. sehr veränderlich.

Also durfte von Helmholtz nur in folgender Weise schliessen:

Denken wir uns das Weltall zerlegt in chemische Ele-mente, so sind nur solche Aenderungen möglich, die deren chemisches Verhalten in gewissen Grenzen ungeändert lassen. Oder auch so:

Es giebt keine Kraft, die die chemischen Qualitäten der Elemente, insofern sie unveränderlich sind, ändern kann.

Das wäre nun allerdings ganz selbstverständlich, und würde garnichts beweisen; daher erklärt von Helmholtz die chemischen Elemente für Materien mit lauter ganz unver-änderlichen Qualitäten und kann nun aus seiner Definition schliessen, was ihm beliebt. So gründet man freilich Luft-schlösser, aber nicht wissenschaftliche Theorien.

---

1) M. vergl. oben S. 64 Z. 12 v. u.

Wie man sich also auch zu der Zurückführung aller
Naturvorgänge auf mechanische stellen mag, jedenfalls hat
von Helmholtz dieselbe hier nicht bewiesen, sondern nur
willkürlich behauptet.

Im Jahre 1881 hat von Helmholtz zu seiner »Einleitung«
zwei Zusätze gemacht,[1]) deren erster, von dem wir jetzt
Kenntniss nehmen wollen, von der Kausalität und Materie
handelt.

Nachdem er darin, wie schon oben erwähnt, Kant zur
Mitverantwortung der angeblichen Philosophie seiner Einleitung herangezogen hat, fährt er fort:

>Ich habe mir erst später klar gemacht, dass das
Prinzip der Kausalität in der That nichts Anderes
ist, als die Voraussetzung der Gesetzlichkeit aller
Naturerscheinungen.«

Das ist doch aber nichts als eine Trivialität.

Die Kausalität ist das allgemeinste ausnahmelose Naturgesetz; mit ihr ist selbstverständlich auch die Gesetzlichkeit
aller Naturerscheinungen gegeben, und man muss sich wundern,
dass von Helmholtz erst in späteren Jahren zu dieser Erkenntniss gelangte.

Sollte aber die Kausalität nicht gleichgültig über den
Erscheinungen schweben, sondern für die Naturerkenntniss
fruchtbar werden, so waren die nothwendigen und hinreichenden Bedingungen dafür, dass zwei Naturvorgänge
kausal zusammenhängen, den Anforderungen der Logik und
Erfahrungen gemäss festzustellen.

Den richtigen Weg zur Lösung dieser Aufgabe hat
R. Mayer gewiesen, während die unbestimmt allgemeine Phrase
von von Helmholtz nichts dazu beiträgt.

Dem übrigen Inhalte des Zusatzes ist ebenfalls keine
sachliche Bedeutung beizulegen. Wir lesen da weiter:

>Das Gesetz als objektive Macht erkannt, nennen
wir Kraft.«

Dieser Ausspruch würde besser in eine Autographen-
sammlung oder ein Stammbuch passen, als in eine wissenschaftliche Abhandlung. Denn hinter seiner anspruchsvollen

---

[1] S. 68.

Dunkelheit verbirgt sich nichts als ein schiefer, alltäglicher Gedanke.

Ein fallender Stein z. B. ist eine Kraft, deren Betrag durch die Gleichung zwischen Arbeit und lebendiger Kraft bestimmt wird; diese kommt also zur Geltung, oder ist zu erkennen in der Kraft des fallenden Steines. Sagt man hierfür mit von Helmholtz das in der genannten Gleichung ausgesprochene Gesetz als objektive Macht ist die Kraft des fallenden Steines, so hat man für eine bekannte Sache eine schwülstige Phrase, aber nicht die geringste Erweiterung der Erkenntniss.

Schliesslich äussert sich von Helmholtz a. a. O. nochmals über die Ursache:

> »Ursache ist seiner ursprünglichen Bedeutung nach das hinter dem Wechsel der Erscheinungen unveränderlich Bleibende oder Seiende; nämlich der Stoff und das Gesetz seines Wirkens, die Kraft.«

Die sprachliche Belehrung, die wir in diesem Satze erhalten ist von zweifelhaftem Werth; übrigens kommt es hier auch garnicht darauf an, was das Wort Ursache ursprünglich bedeutet, sondern darauf, die Kausalität in der Natur sachgemäss zu bestimmen. Statt sich als Sprachforscher zu geberden, hätte uns also von Helmholtz lieber sagen sollen, was er sich eigentlich unter diesem hinter den Erscheinungen seienden Stoffe denkt. Nach Kant wäre er das Ding an sich, und die Kausalität in der Natur wäre somit ontologisch. Da aber nach von Helmholtz die Bestimmung der Kausalität das Ziel der Physik ist,[1]) so hätte diese Wissenschaft sich in Ontologie aufzulösen. Das lehrt von Helmholtz, der es liebte, seine Gegner als Metaphysiker zu denunzieren!

Doch er hat sich ja von Kant emanzipiert; wir wollen also sehen, was er auf eigene Hand hinter den Erscheinungen entdeckt hat.

Dazu müssen wir aber seine anderen Schriften zu Rathe ziehen; denn hier beschränkt er sich auf den oben angeführten Orakelspruch.

In seinem Vortrage »Die Thatsachen der Wahrnehmung [1]) findet sich folgende Aeusserung:

»Wir nennen, was ohne Abhängigkeit von Anderem gleich bleibt, in allem Wechsel der Zeit: die Substanz .... Der Begriff der Substanz kann nur durch erschöpfende Prüfungen gewonnen werden und bleibt immer problematisch, insofern weitere Prüfungen vorbehalten wird. Früher galten Licht und Wärme als Substanzen, bis sich später herausstellte, dass sie vergängliche Bewegungsformen seien, und wir müssen immer noch auf neue Zerlegungen der jetzt bekannten chemischen Elemente gefasst sein.«

Soll hier die Erwähnung der chemischen Elemente einen Sinn haben, so muss sie so verstanden werden, dass dieselben Substanzen sind, wobei wir aber an absolute Elemente und nicht an solche, die nur bedingungsweise unzerlegbar sind, zu denken haben. Also wir merken uns zunächst: die chemischen Elemente, in absolutem Sinne verstanden, sind nach von Helmholtz Substanzen.

Nun folgen in dem Vortrage wiederum die uns schon bekannten Phrasen über Gesetz, Kraft und Ursache.

»Das erste Produkt des denkenden Begreifens der Erscheinung ist das Gesetzliche. Haben wir es so weit ausgeschieden, seine Bedingungen so vollständig und sicher abgegrenzt und zugleich so allgemein gefasst, dass für alle möglicher Weise eintretenden Fälle der Erfolg eindeutig bestimmt ist, und wir gleichzeitig die Ueberzeugung gewinnen, es habe sich bewährt und werde sich bewähren in aller Zeit und in allen Fällen: dann erkennen wir es als ein unabhängig von unserem Vorstellen Bestehendes an und nennen es die Ursache, d. h. das hinter dem Wechsel ursprünglich Bleibende und Bestehende« .... »Insofern wir dann das Gesetz als ein unsere Wahrnehmung und den Ablauf der Naturprozesse Zwingendes, als eine unserem Willen gleichwerthige Macht anerkennen, nennen wir es Kraft.«

[1]) Vorträge u. Reden. S. 244, Z. 16 v. u. ff.

Ferner lesen wir ebendaselbst wenige Zeilen weiter unten:
»Wir haben in unserer Sprache eine sehr glück-
liche Bezeichnung für dieses, was hinter dem
Wechsel der Erscheinungen stehend auf uns ein-
wirkt, nämlich: das Wirkliche. Hierin ist nur das
Wirken ausgesagt, es fehlt die Nebenbeziehung auf
das Bestehen als Substanz, welche den Begriff des
Reellen, d. h. des Sachlichen einschliesst.«
Ich habe diesen Wortschwall wörtlich hergesetzt, weil
er recht auffällig zeigt, wie von Helmholtz Zeit seines
Lebens in seiner sogenannten Philosophie nicht darüber
hinausgekommen ist, Trivialitäten in verworrene Phrasen zu
verhüllen. Die »Substanz« oder das »hinter dem Wechsel
ursprünglich Bleibende« oder das »Wirkliche« ist nach ihm
die Ursache oder die Kraft, und unter Substanz versteht er
die chemischen Elemente. Somit wäre also das ver-
schleierte Bild endlich enthüllt: die chemischen Elemente
und ihre Kräfte sind die »Ursache«.

Diese Bestimmung wird gewiss kein Naturforscher bestreiten. Denn die Ursache eines Naturvorganges kann nur
ein konkreter Körper sein, und alle Körper sind aus den
chemischen Elementen zusammengesetzt, folglich sind die
chemischen Elemente, oder genauer, deren Energie die Ursache:
aber was nützt uns diese Trivialität? Um es nochmals zu
wiederholen, die Aufgabe war, zu bestimmen, welchen Bedingungen ein Körper genügen muss, um in einem bestimmten
Vorgange Ursache zu sein, und hierüber erfahren wir durch
von Helmholtz garnichts.

Denn, was er in den vorstehend angeführten Sätzen
über die Beziehungen von Ursache, Gesetz und Kraft vorbringt, ist ebenso wie die vorher erörterten Aeusserungen
des »Zusatzes«, mit denen es fast wörtlich übereinstimmt,
nur ein Spiel mit Worten, und sagt wie jene nichts weiter,
als dass die Kausalität als allgemeinstes Gesetz in allen
Naturvorgängen wirksam ist. Dabei lässt uns von Helmholtz vollständig im Unklaren darüber, was er eigentlich
unter Kraft versteht.

Meint er die sogenannten Fernkräfte, so stimmt seine
spätere Auffassung der Kausalität vollständig mit der ge-

wöhnlichen in der »Einleitung« vorgetragenen überein; so weit sich so unklare Aeusserungen wie die seinigen vergleichen lassen.

Nimmt er aber Kraft im Sinne von Energie, so würde sich seine spätere Auffassung der Kausalität nach Beseitigung des Durcheinanders von Substanz, Wirkliches, chemisches Element, mit derjenigen in Uebereinstimmung bringen lassen, die R. Mayer weit früher schlicht und klar ausgesprochen hat. Jedenfalls theilt uns also von Helmholtz über die Kausalität nichts Neues mit, und das Alte, was er sagt, haben andere sehr viel besser gesagt als er.

Abgeschmackt sind auch hier wiederum seine philologischen Bemühungen. Die »sehr glückliche Bezeichnung« »das Wirkliche« gebraucht er sehr unglücklich für Etwas, das »hinter dem Wechsel der Erscheinungen« stehen soll.

Demnach wäre die Erscheinung nichts Wirkliches. von Helmholtz verwechselt also offenbar »Erscheinung« und »Schein« und hat somit, trotz seiner angeblich zu starken Beeinflussung durch Kant, die ersten Seiten von dessen Kritik der reinen Vernunft entweder nicht gelesen oder nicht verstanden.

Etwas mehr Kant wäre ihm sehr dienlich gewesen.

Nun können wir auch feststellen, worin seine Abwendung von Kant bestand.

Wie wir sahen, will er mit den Ausdrücken »Substanz«, »Wirkliches« und »chemische Elemente« ein und dasselbe bezeichnen. Das Wirkliche setzt er aber der Erscheinung entgegen und auch Substanz nennt er ausdrücklich das, was ohne Abhängigkeit von Anderem gleich bleibt in allem Wechsel der Zeit. Hiernach muss man annehmen, er dachte sich unter dem »Wirklichen« oder der »Substanz« eine Art »Ding an sich«, was seine ausdrückliche Bestätigung findet, indem er in demselben Vortrage sagt:

> »Auch die räumlichen Bestimmungen also betrachtet Kant für ebenso wenig *der Welt des Wirklichen, oder „dem Dinge an sich"* angehörig, wie die Farben« u. s. w.[1]

---

[1] S. 227, Z. 22 v. o. ff.

Also die Substanz oder das Wirkliche oder die *chemischen Elemente* sollen das *Ding an sich* sein!

Wenn aber irgend etwas sich auf die Erscheinung bezieht, so sind es die chemischen Begriffe.

Ein chemisches Element ist ein Körper, der nicht in chemisch verschiedenartig wirkende Körper zerlegt werden kann, oder dessen chemische Wirkungen gegen andere Körper in gewissen Grenzen qualitativ stets dieselben sind. Diese Wirkungen sind aber Erscheinungen, und wir können somit ein chemisches Element nur durch Erscheinungen definieren, oder mit anderen Worten, es enthält seinem Begriff nach nothwendig die Beziehung auf andere Körper.

Betrachten wir ein Element, während es nicht auf andere Körper chemisch wirkt, so wirkt es doch auf unsere Sinne, indem wir es wahrnehmen. Diese Wirkungen reichen aber nicht aus, um es sicher zu identifizieren, wenn wir sonst nichts von ihm wissen. Ein gelbes wie Gold aus-sehendes Metall können wir z. B. nicht ohne Weiteres für Gold erklären: wir müssen dazu erst sein spezifisches Gewicht, Verhalten gegen Säuren u. s. w. kennen, und folglich ganz bestimmte Wirkungen von ihm aussagen. Wir definieren also das Gold, auch wenn es nicht chemisch wirkt, teils durch eine Anzahl thatsächlicher Beziehungen auf unsere Sinne, teils durch chemische Reaktionen gegen andere Körper. Diese Beziehungen sind, wie erwähnt, qualitativ in gewissen Grenzen unveränderlich; aber es bleiben doch immer Beziehungen.

Von Helmholtz *dagegen setzt an die Stelle der qualitativ unveränderlichen Beziehungen vollständige Beziehungslosigkeit oder Unabhängigkeit!*

Fragen wir uns nun, welchen Gewinn wir aus den vorstehend erörterten Auslassungen unseres Autors davon tragen können, so ist als das einzige Brauchbare darin Folgendes zu ermitteln:

Die chemischen Reaktionen zwischen denselben chemischen Elementen bleiben, in gewissen Grenzen, qualitativ stets dieselben. Diesen Satz aber haben wir wohl alle auch ohne von Helmholtz gekannt. Will derselbe die chemischen Elemente als Substanzen bezeichnen, so mag er es immerhin; da das Wort Substanz in verschiedenem Sinne gebraucht werden kann.

Wenn er aber dann diese Substanzen als das hinter den Erscheinungen Stehende mit dem »Ding an sich« identifiziert, so ist das ganz sinnlos.

Sein Verhältniss zu Kant ist hiernach in folgender Weise zu charakterisieren.

Als er angeblich noch von Kant zu stark beeinflusst war, in der sogenannten Philosophie seiner Einleitung, vermengte er »Ding an sich« und Masse; später, als er sich angeblich von Kant freigemacht hatte, in seinen Vorträgen, vermengte er »Ding an sich« und »chemisches Element.«

Beides ist selbstverständlich ein vollständiger Widersinn, woran Kant gar keine Schuld hat.

Wir kehren nun zu der »Einleitung« zurück.

Nachdem von Helmholtz die Kausalität und die Materie so, wie wir sahen, abgehandelt hat, äussert er sich über die Bewegung und die Zerlegung der Bewegungskräfte in solche zwischen materiellen Punkten.

Zuerst will er deduzieren, dass jede wahrgenommene Bewegung nur relativ sein kann. Zu dem Zwecke schreibt er:[1])

»Bewegung ist Aenderung der räumlichen Verhältnisse. Räumliche Verhältnisse sind nur möglich gegen abgegrenzte Raumgrössen, nicht gegen den unterschiedslosen leeren Raum.

»Bewegung kann deshalb in der Erfahrung nur vorkommen als Aenderung der räumlichen Verhältnisse wenigstens zweier Körper gegen einander; Bewegungskraft als ihre Ursache, also auch immer nur erschlossen werden für das Verhältniss mindestens zweier Körper gegen einander, sie ist also zu definiren als das *Bestreben zweier Massen, ihre gegenseitige Lage zu wechseln.«*

Auch hier wiederum kleidet von Helmholtz ganz alltägliche Sätze in dunkle Phrasen.

In elementaren Lehrbüchern der Physik ist zu lesen, dass jede Bewegung relativ ist, und von Helmholtz lehrt über

---

[1]) S. 15.

diesen Satz nicht das geringste Neue: seine vermeintliche Deduktion desselben ist nichts als eine petitio principii.

Denn räumliche Verhältnisse können selbstverständlich nur zwischen begrenzten Grössen stattfinden; weil der Begriff des Verhältnisses den der begrenzten Grösse einschliesst: Ausdrücke wie $\frac{\infty}{\infty}$ u. s. w. werden erst bestimmt, wenn man sie auf begrenzte Grössen zurückführt. Der Satz Bewegung ist Aenderung der räumlichen Verhältnisse sagt also bereits, dass die Bewegung eines Körpers nur in Bezug auf andere Körper stattfindet, was von Helmholtz erst deduzieren will.

Und dann die sinnlose Definition: *„Bewegung ist das Bestreben zweier Massen, ihre gegenseitige Lage zu wechseln"*; d. h. nichts anderes als *das Bestreben sich zu bewegen.*

Ueber diese so klassisch definierte Bewegungskraft theilt nun von Helmholtz Nachstehendes mit.[1])

»Die Kraft aber, welche zwei ganze Massen gegen einander ausüben, *muss* aufgelöst werden in die Kräfte aller ihrer Teile gegen einander; die Mechanik geht deshalb zurück auf die Kräfte der materiellen Punkte, d. h. der Punkte des mit Materie gefüllten Raumes.«

Da aber Punkte, so führt er dann weiter aus, keine andere räumliche Beziehung gegen einander besitzen als ihre Entfernung, so können die Kräfte, die sie auf einander ausüben, nur diese Entfernung ändern, d. h. nur anziehend oder abstossend wirken; da sie andernfalls nicht vollständig bestimmt wären.

»Dies folgt sogleich aus dem Satze vom zureichenden Grunde.«

Nach von Helmholtz ist also die Zerlegung einer endlichen Kraft in Punktkräfte nicht bloss ein Hilfsmittel der Analysis, sondern die Punktkräfte sollen Realität besitzen.

Einen Grund für diese Behauptung giebt er in der »Einleitung« überhaupt nicht an, sondern er behilft sich mit einem »muss«, und was er zu deren Begründung in einem späteren Zusatze anführt, ist, wie wir weiter unten sehen werden, so, dass es besser ungesagt geblieben wäre. Der

---

[1]) S. 15.

wahre Grund seiner Ausführungen ist auch, wie leicht zu zeigen, kein anderer, als eine unklare Auffassung des unendlich Kleinen und des Satzes vom zureichenden Grunde.

In der Mathematik können wir, um leichter zu Resultaten zu gelangen, Hilfsgrössen in die Rechnung einführen, denen nichts Reales entspricht, wenn sie nur mathematisch richtig gebildet sind. Derartige Hilfsgrössen sind auch die Kräfte zwischen materiellen Punkten in der analytischen Mechanik. Denn die Kraft zwischen zwei materiellen Punkten ist, mag man nun letztere als diskret oder als Differentiale eines Continuums auffassen, ein unendlich Kleines, und das unendlich Kleine ist nichts Reales: weil alle realen Grössen begrenzt sind; wogegen das unendlich Kleine nicht begrenzt, sondern eine Grenze ist, der wir uns zwar beliebig nähern, die wir aber nicht erreichen können.

Hieraus folgt, dass auch die Kraft zwischen materiellen Punkten oder, genauer gesprochen, deren Aenderung keinen realen, sondern nur einen logischen bezw. mathematischen zureichenden Grund hat.

Denn der reale Grund kommt den realen, der logische den idealen Aenderungen zu.

Von Helmholtz durfte also erstens nicht behaupten, dass die sogenannte Fernkraft zwischen zwei endlichen real gedachten Massen in reale Punktkräfte aufzulösen sei: denn Punktkräfte sind als unendlich kleine Grössen nicht real, und er durfte zweitens auch nicht schliessen, dass die Kraft zwischen zwei materiellen Punkten allein durch deren gegenseitige Entfernung bestimmt ist; weil zwischen ihnen keine andere reale Beziehung denkbar wäre: denn da die Punktkräfte nichts Reales sind, brauchen auch die Grössen, wovon sie abhängen, keine reale Bedeutung zu haben. Dieselben könnten so bestimmt werden, dass bei der Summierung der Punktkräfte zu endlichen Kräften nur die realen Beziehungen übrig bleiben, und die anderen ausfallen.

Dem Schlusse, wonach die Kraft zwischen zwei Punkten allein von deren Entfernung abhängen soll, liegt ferner ausser der Annahme der Realität der Punktkräfte noch diejenige zu Grunde, dass zwei Punkte für sich allein existieren können, die noch unzulässiger ist als die erstere. Denn sind mehr als zwei Punkte vorhanden, so könnte die Kraft zwischen zwei Punkten ausser von deren Entfernung noch von Beziehungen zu anderen Punkten abhängen. Bei jeder Zerlegung endlicher Massen erhalten wir aber eine unendliche Anzahl materieller Punkte; die Kraft zwischen zwei Punkten könnte demnach ausser von deren Entfernung z. B. auch von dem Winkel abhängen, den sie mit einer Axe macht, die durch den Schwerpunkt senkrecht zur Lothlinie gelegt ist u. A. m.

In seiner »Erwiderung auf die Bemerkungen von Herrn Clausius«[1]) bestreitet von Helmholtz allerdings die Berechtigung derartiger Annahmen, indem

> »Stärke und Richtung reell vorhandener Naturkräfte nicht von der Lage bloss vorgestellter Koordinatensysteme, sondern nur von der Lage reell vorhandener physischer Objekte abhängig gemacht werden können.«

Hierbei macht er aber eben die unberechtigte Voraussetzung, dass materielle Punkte und sogar zwei für sich allein real vorhanden sind. Thatsächlich können ja allerdings endliche Kräfte in Punktkräfte zerlegt werden, die nur von der Entfernung abhängen; aber das beweist nichts für die Ausführungen von von Helmholtz Denn er sucht dieses thatsächliche Verfahren der Mechanik als logisch nothwendig zu deduzieren, so dass die analytische Darstellung in ihrem ganzen Verlaufe das genaue Abbild des realen Vorganges wäre, und diese Auffassung beruht, wie gezeigt wurde, auf irrigen Prinzipien.

Um dann von den Punktkräften zu endlichen Kräften zu gelangen, muss von Helmholtz auch noch voraussetzen, dass die Kräfte zwischen zwei Punkten sich addieren lassen, was er stillschweigend thut,[2]) und ebensowenig denkt er daran, den Begriff der Fernkraft zu untersuchen; sondern er betrachtet sie ohne Weiteres als real: beides spricht gerade nicht für die kritische Strenge, womit er bei der Feststellung der Prinzipien verfuhr.

In dem zweiten Zusatze[3]) vom Jahre 1881 giebt von Helmholtz zu seinen vorstehend erörterten Aeusserungen

---

[1]) S. 81, Z. 15 v. u. ff.
[2]) S. 15, vorletzte Z. ff.
[3]) S. 68.

über die Punktkräfte folgende Ergänzung, die wir dem Leser
nicht ersparen können.

»Die Nothwendigkeit der Auflösung der Kräfte in
solche, die sich auf Punkte beziehen, kann aus dem
Prinzip der vollständigen Begreifbarkeit der Natur
hergeleitet werden für die Massen, auf welche die
Kräfte wirken, insofern vollständige Kenntniss der
Bewegung fehlt, wenn nicht die Bewegung jedes
einzelnen materiellen Punktes angegeben werden
kann. Aber die gleiche Nothwendigkeit scheint mir
nicht zu bestehen für die Massen, von denen die
Kräfte ausgehen.«

Diese Unterscheidung der wirkenden und der die Wirkung erleidenden Massen führt von Helmholtz dann noch
breiter aus.

Hier wird uns also urplötzlich ein neues Prinzip offenbart: die Natur ist vollständig begreifbar, und für ihre vollständige »Begreifbarkeit« nothwendig sind die Punktkräfte.

Allerdings pflegt man sonst die Natur für unergründ-
lich zu erklären; doch von Helmholtz war anderer Meinung:
er dürfte aber zu seinem Prinzip nur mittels einer Begriffsverwirrung gelangt sein.

Wir können und wollen der Naturerkenntniss keine
bestimmten Grenzen setzen; sie ist also *unbegrenzt;* aber
sie ist nie *vollständig:* denn dazu müssten wir jeden Vorgang nicht nur an sich, sondern auch in seinen Beziehungen
zu allen anderen Vorgängen auffassen, was eine unendliche
Anzahl von Bedingungen ergäbe.

Von Helmholtz hat somit hier *Unbegrenztheit* und
Vollständigkeit der Naturerkenntniss mit einander verwechselt.
Ferner ist, wie schon oben bemerkt, die Einführung der
Punktkräfte nur ein analytischer Kunstgriff; das den Natur-
vorgang darstellende Resultat der Rechnung kann immer
nur endliche Grössen enthalten. Ob aber die Naturerkenntniss diesen Kunstgriff allezeit nöthig haben, oder ob sie ihn
einmal entbehren können wird, das kann doch niemand
entscheiden.

Also den Nothbehelf der Analysis erhebt von Helmholtz zum logischen Prinzip.

Letzteres ist auch in der That nichts weiter als ein Nothbehelf, um die Einführung der Punktkräfte zu rechtfertigen, die in der Einleitung durch einen Ukas schlechtweg dekretiert wurde, was aber immerhin nach besser war, als solche Begründung.

Das einzige ganz allgemeine, für den unbehinderten Fortschritt der Naturerkenntniss nothwendige Prinzip ist das vom zureichenden Grunde, das freilich mit mehr Verständniss angewendet werden muss, als unser Autor bewiesen hat.

Die Punktkräfte dagegen und überhaupt die Fernkräfte sind, als reale Grössen aufgefasst, selbst ganz unbegreiflich, und es wird auch zum grössten Vortheil für die »Begreifbarkeit« der Natur die Einsicht immer allgemeiner, dass sie nichts als mathematische Funktionen sind. Doch möge zur Begründung dieser Auffassung hier noch eine Erörterung der Fernkräfte, als logisches Problem betrachtet, folgen.

Wir untersuchen zuerst allgemein, ob letzte Ursachen möglich sind, ohne für sie bestimmte Bedingungen anzunehmen.

Da Ursachen, die letzte sein sollen, unverändert sein müssten, würden sie in der Zeit verlaufende Wirkungen gar nicht bestimmen können. Denn warum soll ein Ereigniss gerade heute eintreten, wenn seine Ursache gestern dieselbe war und morgen dieselbe sein wird wie heute?[1])

Zunächst wäre also für des zeitliche Eintreten derjenigen Aenderungen, die unmittelbar von unveränderlichen Ursachen abhängen, kein hinreichender Grund vorhanden; und folglich würde er auch für das zeitliche Eintreten ihrer mittelbaren Wirkungen fehlen, indem letzteres von dem der unmittelbaren Wirkungen bedingt ist, und dies unbestimmt bleibt.

Ursache eines Naturvorganges kann also wiederum nur eine zeitliche Aenderung sein.

Jede Aenderung bedarf aber einer Ursache, und da diese, wie soeben gezeigt, wiederum eine Aenderung sein muss; so ist die Kette von Ursachen und Wirkungen unendlich, und die Annahme letzter Ursachen zeitlicher Wirkungen widerspricht dem Kausalgesetze.

---

[1]) M. vergl. oben S. 9.

Eine unveränderliche Ursache könnte nur für ein Sein, nicht für ein Werden oder Vergehen angenommen werden, aber diese beiden sind gerade das Objekt der Naturforschung.

Nehmen wir als letzte Ursachen sogenannte anziehende und abstossende Fernkräfte an, die in verschiedenen Punkten des Raumes verschiedene Werthe haben, aber in jedem einzelnen konstant bleiben, indem wir die Frage, ob derartige Kräfte überhaupt real sein können, vorläufig unentschieden lassen, so könnte man den letzten Grund dafür, dass sich ein Körper M von einem Punkte A nach einem B bewegt, in der Aenderung suchen wollen, die die Kraft zwischen A und B erleidet; aber für das Eintreten dieser Bewegung in einem bestimmten Zeitpunkte wäre gar kein hinreichender Grund vorhanden.

Denn denkt man sich die Lage aller anderen Körper ausser M unverändert bleibend, so wäre die Kraftänderung zwischen den Punkten A und B allezeit dieselbe; die Bewegung des Körpers M von A nach B könnte folglich jederzeit mit demselben Rechte angenommen werden. Um ihr Eintreten an einen bestimmten Zeitpunkt zu binden, müssten also noch andere Körper ausser M ihre Lage ändern, für deren Bewegung würde aber ganz derselbe Schluss gelten, wie für diejenige von M, so dass wir wiederum eine unendliche Kette von kausal mit einander zusammenhängenden Bewegungen erhalten.

Formulieren wir den kausalen Zusammenhang analytisch, so muss die Wirkung als Funktion ihrer vollständigen Ursache dargestellt werden; da sie von ihr abhängt und vollständig durch sie bestimmt ist.

Ist nun W irgend eine nach der Zeit veränderliche natürliche Grösse, z. B. der Betrag, der in einem gegebenen Quantum eines Gases enthaltenen Wärme, und es werden als letzte Ursachen Fernkräfte angenommen; so ist jeder Werth von W allgemein durch einen Werth einer Funktion

$$f(m_1, \ldots m_n; r_{12} \ldots r_{n-1\,n}; u, \ldots w)$$

darzustellen, worin die m Massenelemente, die r deren gegenseitige Abstände, und die u, . . . w irgendwelche andere Grössen bezeichnen.

Es ist also für beliebige Werthe
$$W = f;$$
und somit auch
$$d\,W = d\,f.$$

Ist d W nach der Zeit genommen, so muss demnach, wegen der identischen Gleichheit von W und f, auch f eine Funktion der Zeit sein.

Nun kann ja das Differential d f analytisch so beschaffen sein, dass es auch unabhängig von der Zeit, z. B. nach den Koordinaten, integrabel ist; dann ist eine reale Ursache durch einen von der Zeit unabhängigen analytischen Ausdruck ihrer Grösse nach darzustellen. Wenn man aber hieraus folgert, dass auch die reale Ursache von der Zeit abhängig ist, so setzt man an die Stelle eines rein analytischen Verhaltens ein reales, was ganz unberechtigt ist.

Denn wird das Differential d f als unabhängig von der Zeit betrachtet, so stellt es die Aenderung dar, die die Funktion f zwischen zwei ruhenden Raumpunkten erleidet. Diese wäre aber zu allen Zeiten dieselbe, und könnte folglich keinen zureichenden Grund für das zeitliche Eintreten eines Vorganges geben. Wird dagegen d f nach der Zeit genommen, so treten an die Stelle der Fernkräfte zeitliche Aenderungen, d. h., bei Voraussetzung mechanischer Kräfte, Aenderungen von einer Funktion der Bewegung.

Die sogenannten Fernkräfte sind überdies als reale Grössen aufgefasst in sich selbst widersprechend.

Um das nachzuweisen, nehmen wir zwei Körper A und B an, die sich in endlicher Entfernung von einander befinden und mit Fernkräften auf einander wirken. Der Raum zwischen beiden sei leer oder, was im vorliegenden Falle dasselbe ist, mit Masse angefüllt, die sich gegen die betrachteten Fernkräfte indifferent verhält. Nimmt man Fernkräfte an, so ist eine solche Voraussetzung über den Raum zwischen den wirkenden Körpern berechtigt oder vielmehr geboten: denn könnte derselbe nicht indifferent sein, so wären die Kräfte der auf einander wirkenden Körper eben nicht Fernkräfte.

Der Körper A sei, als Summe seiner Massenelemente dargestellt, gleich $\Sigma\,m$ und analog der Körper B gleich $\Sigma\,\mu$, und ferner werde der Einfachheit wegen angenommen, dass die Fernkraft ausser von den Massen nur noch von deren gegenseitigen Entfernungen abhängt. Soll sie auch noch durch andere Grössen bestimmt sein, so würden dadurch die folgenden Schlüsse nicht geändert werden.

Alsdann hätte die Fernkraft zwischen den beiden Körpern die Form Σ m. μ. f (r), worin jedes m mit allen μ zu kombiniren, und jede Kombination mit einer Funktion f des betreffenden Abstandes r zu multiplizieren ist.

Wir fragen nun: ist die Fernkraft auch in dem indifferenten Raume zwischen A und B vorhanden? Mit Rücksicht auf ihren analytischen Ausdruck muss die Antwort verneinend lauten. Denn da dieser Raum keine wirkende Masse enthält, hat die Fernkraft in ihm die Form Σ m. o. f (ρ) = o, oder Σ μ. o. o. f (ρ') = o, wenn ρ bezw. ρ' die Abstände eines zwischen A und B gelegenen Punktes von den einzelnen m bezw. den μ bezeichnen.

Die Fernkraft *entstände* folglich in dem indifferenten Raume erst, wenn die Masse m oder die Masse μ in ihn hineinrücken würde. Ganz analoge Schlüsse würden auch für die Punkte gelten, die über A oder B hinaus liegen.

Welchen Grund soll nun aber die Bewegung von Massen in indifferentem Raume haben, zwischen denen sogenannte Fernkräfte wirken?

Nach der üblichen Auffassung bewegen sie sich, weil die Kraft in den Raumpunkten, wohin sie successiv gelangen, verschiedene aber endliche Werthe hat; denn eine Kraft gleich Null ist nur ein Grenzwerth für unendliche Entfernungen, und unendliche Kräfte zwischen endlichen Massen sind überhaupt ausgeschlossen. Da aber, wie bewiesen, die Fernkraft in den indifferenten Raumpunkten erst entsteht wenn wirkende Massen in sie gelangen, und vorher Null ist, so führt diese Auffassung zu dem folgenden schönen Schlusse:

Die Massen bewegen sich, weil die Fernkraft sich ändert, so dass sie aus einem endlichen in einen zweiten endlichen Werth übergeht; und die Fernkraft ändert sich in der angegebenen Weise, weil die Massen sich bewegen.

Dieser Widerspruch fällt sofort weg, wenn die Fernkräfte nur als analytische Funktionen betrachtet werden.

Der Grund ihrer Aenderung ist dann ein logisch-mathe-
matischer, nämlich die Aenderung der als unabhängig auf-
gefassten Veränderlichen, und die Aenderung der letzteren ist
willkürlich, d. h. es sind unzählige logische Gründe für sie
möglich.

Die obigen Einwendungen gegen die Fernkräfte bleiben
offenbar unverändert bestehen, wenn letztere nur auf sehr
kleine Entfernungen wirken sollen, wie Molekularkräfte und
chemische; wofern nur zwischen den auf einander wirkenden
Massen ein indifferenter Raum angenommen wird.

Wir kehren nun wiederum zu von Helmholtz und
seinem Zusatze zurück.

Da er die Fundamente der Physik legen wollte, konnte
man von ihm wohl eine Erörterung der prinzipiellen Schwierig-
keiten in dem Begriffe der Fernkräfte erwarten; doch er
übernimmt sie ganz naiv von seinen Vorgängern, ohne den
geringsten Versuch, sie kritisch zu prüfen.

Ganz kritiklos ist auch die Unterscheidung zwischen
wirkenden oder bewegenden und eine Wirkung erleidenden
oder bewegten Massen. Denn er betrachtet ausdrücklich
zwei Massen oder gar Massenpunkte, die von allen Beziehungen
zu dritten Körpern völlig losgelöst sind:[1] wie will er aber
dann unterscheiden, welche von beiden Massen die bewegte,
und welche die bewegende ist? und wenn sie sich nun gar
beide bewegen, welches ist dann die wirkende und welches
die eine Wirkung erleidende Masse?

Ausserdem würde doch durch eine einfache Vorzeichen-
Vertauschung der wirkende Körper in den die Wirkung erleidenden übergehen und umgekehrt.

Die Wahl des Vorzeichens hängt aber nur von Gründen
der Zweckmässigkeit ab; es war somit absurd, dass von
Helmholtz auf sie eine fundamentale Unterscheidung
gründen wollte.

Derselbe macht dann noch in dem Zusatze seine vermeintlichen Prinzipien der völligen Begreifbarkeit der Natur
und der völligen Bestimmbarkeit der Wechselwirkung zweier
Massen gegen die elektrodynamischen Theorien geltend,

---

[1] M. vergl. S. 82, Z. 7 v. o.

wobei die Kräfte zwischen den elektrischen Quantitäten von Geschwindigkeit und Beschleunigung abhängig gemacht werden.

Wir wollen ihn jedoch auf diesem Wege nicht begleiten: bezüglich der angeblichen Prinzipien ist auf das oben Bemerkte zu verweisen, und auf die Elektrodynamik genauer einzugehen, würde zu weit führen, und ist auch durch die vorliegende Aufgabe nicht geboten.

Auch mit der »Einleitung« können wir jetzt schnell abschliessen.

Von Helmholtz glaubt durch sie die Aufgabe der Naturwissenschaft bestimmt zu haben, die nach ihm vollständig gelöst sein wird, wenn sämmtliche Erscheinungen auf »einfache Kräfte« zurückgeleitet sind und die gegebene Zurückleitung als »die einzig mögliche« erwiesen ist. [1]

Unter den einfachen Kräften haben wir aber nach allem Vorhergehenden Fernkräfte der in Punkte zerlegten chemischen Elemente zu verstehen, die zwischen zwei Punkten in deren Verbindungslinie wirken und deren Intensität nur von der Entfernung abhängt.

Wenn diese »einzig mögliche« Zurückleitung durchgeführt ist, dann wäre nach von Helmholtz die Vollendung aller Erkenntniss erreicht; denn

> »dann wäre dieselbe als die nothwendige Begriffsform der Naturauffassung erwiesen; es würde derselben alsdann also auch objektive Wahrheit zuzuschreiben sein«.

Dieser Schluss der »Einleitung« ist wirklich überraschend: welche gegebene Zurückleitung auf Elementarkräfte ist denn schon als die »einzig mögliche« erwiesen? Wenn von Helmholtz ein Beispiel dafür kannte, hätte er es angeben sollen; denn anderswo ist es nicht zu finden. Die Wissenschaft sucht vielmehr mit Recht ihre Gesetze von jeder besonderen Form einer derartigen Zurückleitung unabhängig zu machen.

Er verlegt also den Beweis für die Realität der Fernkräfte »ad calendas graecas«, und wenn wir sie inzwischen für nichts als analytische Funktionen ansehen, kann er uns

---

[1] S. 17.

das nach seinem Schlusssatze nicht sehr verargen. Denn danach scheint er doch geahnt zu haben, dass seine vermeintlichen Deduktionen über »letzte Ursachen«, »Ding an sich« u. s. w., die die Realität der Fernkräfte beweisen sollten, in Wahrheit garnichts beweisen.

Das Durcheinander von Hypothesen, das von Helmholtz auf den wenigen Seiten seiner »Einleitung« ausschüttet, ist in der That ganz erstaunlich.

Er beginnt mit dem stolzen Versprechen, darin »den letzten und eigentlichen Zweck« der Naturwissenschaft zu offenbaren, worauf er eine vorläufige Bestimmung des letzteren und eine angebliche Deduktion der letzten Ursachen giebt, die nach so grossen Worten in ihrer Unbeholfenheit und Unklarheit um so kläglicher erscheinen.

Dann wirft er die Masse, das Ding an sich, und die chemischen Elemente so durcheinander, dass keines heil bleibt, und während wir noch kopfschüttelnd diese logische Operation zu fassen suchen, erklärt er, dass hierdurch sämmtliche Kräfte in der Natur auf Bewegungskräfte zurückgeführt sind.

Um diese dann näher zu bestimmen, belehrt er uns, dass Bewegungskraft das Bestreben zweier Massen sich zu bewegen ist; ganz übereinstimmend mit der berühmten Erklärung: der Stein fällt, weil er das Bestreben zu fallen hat.

Aber er braucht Punktkräfte: schleunigst erfindet er also zu seinem Spezialgebrauche das »Prinzip der vollständigen Begreifbarkeit der Natur« und muthet uns zu, auf Grund seiner Erfindung die unendlich kleinen materiellen Punkte als reale Grössen anzunehmen.

Damit uns nun aber nicht etwa Zweifel an seiner Selbstkritik entstehen, bestimmt er, dass das »Prinzip der Begreifbarkeit« die Zerlegung in Punkte nur für den bewegten, nicht für den bewegenden Körper bedingt, wobei er nur vergisst, dass er seine zwei aufeinander wirkenden Punkte zu allen anderen Massen beziehungslos annimmt, und somit auch garnicht bestimmen kann, welcher von beiden sich bewegt.

Also eine leere Spitzfindigkeit soll über Kritiklosigkeit in der Feststellung der Prinzipien hinwegtäuschen. Diese Unstetigkeit des Denkens ist übrigens unserem Autor ganz eigenthümlich.

Nach Allem muss man sagen: ein Schriftsteller, der wie von Helmholtz mit Begriffen operiert, ist in logischer Beziehung garnicht ernst zu nehmen.

Am Anfange seiner Einleitung hatte von Helmholtz behauptet, für die Herleitung der Erhaltung der Energie zwei Wege zu besitzen. Den einen, die Zerlegung aller Kräfte in Punktkräfte, haben wir jetzt kennen gelernt, und man muss sagen: sollte die Erhaltung der Energie wirklich auf den Sätzen seiner Einleitung beruhen, so müssten wir uns jeden Tag auf ihren Zusammenbruch gefasst machen. Denn dieselbe wäre dann auf einen logischen Sumpf gegründet, der jeden festbegrenzten klaren Gedanken verschlingt.

Man könnte nun geneigt sein, von Helmholtz mit seiner jugendlichen Unreife und der Schwierigkeit seines Unternehmens zu entschuldigen: und gewiss war letztere gross, und würde er irgend welche neuen und werthvollen Gedanken aussprechen, so wäre es nach meiner Meinung Pflicht des Kritikers, sie, wenn sie auch noch so wenig ausgeführt wären, nach bestem Vermögen von allen anhaftenden Schlacken zu befreien, damit sie unbehindert auf die Wissenschaft wirken könnten.

Ein solches Verfahren ist z. B. bei der Beurtheilung von Robert Mayer's genialen und fruchtbringenden Ideen unbedingt geboten: der Kritiker, der, wie von Helmholtz, sich ihnen verschliesst und nur die ihr Wesen nicht berührenden einzelnen Fehler hervorzuheben weiss, handelt verständnisslos oder böswillig.

Aber was lehrt uns denn eigentlich von Helmholtz in seiner »Einleitung«? Die Thatsache, dass die analytische Mechanik mit Punktkräften rechnet, wussten wir längst, und was er, um sie logisch abzuleiten, vorbringt, ist nichts als verworrenes Gerede.

Was ferner die jugendliche Unreife betrifft: welcher qualitative Unterschied ist denn zwischen den logischen Aeusserungen seiner »Einleitung« und denen der viel späteren Vorträge? Nach dem, was wir von den letzteren oben kennen gelernt haben, keiner: die einen, wie die anderen sind nichts als höchst verworren ausgesprochene Gemeinplätze.

Zwar habe ich nicht alle seine späteren sogenannten philosophischen Kundgebungen erörtert; da hier nur seine vermeintliche Deduktion der Erhaltung der Energie in Betracht kam. Aber wer über die fundamentalen logischen Fragen, auf die letztere führt, nichts Besseres zu sagen weiss, als die aus verschiedenen Schriften und verschiedenen Perioden stammenden Phrasen, die wir oben von von Helmholtz gehört haben, der hat, wie ich denke, seine logische Unzulänglichkeit bündig bewiesen.

Durch ihren sachlichen Werth können sie also die ausführliche Besprechung, die ihnen vorstehend, auf die Gefahr den Leser zu ermüden, zu Theil wurde, sicherlich nicht beanspruchen. Aber die geradezu unerhörte Reklame, die für die sogenannte Philosophie von von Helmholtz gemacht worden ist und z. Th. noch gemacht wird, nöthigte dazu, sie einmal etwas schärfer zu beleuchten. Haben doch strebsame Anhänger des berühmten Physikers der staunenden Welt verkündet, er sei in seinen logischen Untersuchungen über Kant hinausgegangen, während er, wie wir oben sahen, diesen garnicht begriffen und die lächerlichsten logischen Verwechselungen gemacht hat.

Auch Kant hat in seiner Schrift »Metaphysische Anfangsgründe der Naturwissenschaft« längst vor von Helmholtz die Prinzipien der Physik deduktiv behandelt, und auch dieser Versuch ist meiner Meinung nach, die ich an anderer Stelle zu begründen beabsichtige, misslungen; aber an wissenschaftlichem Werthe verhält er sich zu der »Einleitung« und allen anderen logischen Bemühungen von von Helmholtz wie eine kunstvolle Rede zu den ersten Sprechversuchen eines Kindes.

Doch das ist eine Thatsache, die Niemandem verborgen sein dürfte, der sich ernstlicher mit logischen Fragen beschäftigt und die darauf bezüglichen Aeusserungen von von Helmholtz geprüft hat. Diejenigen Naturforscher aber, die philosophischen Untersuchungen überhaupt abgeneigt sind — und deren Zahl ist noch immer beträchtlich — werden auch wenig oder nichts danach fragen, ob die Philosophie von von Helmholtz tiefsinnig oder seicht, folgerichtig oder verworren ist.

»Dergleichen«, so höre ich sie sagen, »ist eben nicht exakt zu machen, aber zweifellos hat von Helmholtz zuerst die Erhaltung der Energie in allen Zweigen der Physik mathematisch entwickelt, und ist demnach der wirkliche Begründer der Energetik.«

Ob diese Meinung berechtigt ist oder nicht, werden wir alsbald sehen, indem wir nun zu dem mathematisch physikalischen Theile der Abhandlung »Ueber die Erhaltung der Kraft« übergehen.

Das Prinzip
von der Erhaltung der lebendigen Kraft.[1]

Der Satz von Carnot-Clapeyron. — Der Satz von der Erhaltung der lebendigen Kraft. — Aufzählung der Hypothesen von von Helmholtz.

Als zweiten Ausgangspunkt seiner Untersuchungen wählt von Helmholtz den Satz

>»dass es unmöglich sei, durch irgend eine Kombination von Naturkörpern bewegende Kraft fortdauernd aus nichts zu erschaffen.«

Diesen Satz hatten schon Carnot und Clapeyron auf die Wärmeerscheinungen angewendet.

>»Zweck der vorliegenden Abhandlung ist es, ganz in derselben Weise das genannte Prinzip in allen Zweigen der Physik durchzuführen, teils um die Anwendbarkeit desselben nachzuweisen in allen denjenigen Fällen, wo die Gesetze der Erscheinungen schon hinreichend erforscht sind, teils um mit seiner Hilfe, unterstützt durch die vielfache Analogie der bekannteren Fälle auf die Gesetze der bisher nicht vollständig untersuchten weiter zu schliessen und dadurch dem Experiment einen Leitfaden an die Hand zu geben.«

Von Helmholtz beginnt also seine Abhandlung ebenso wie deren Einleitung mit sehr grossen Versprechungen. Leider ist die Symmetrie zwischen beiden Theilen auch darin gewahrt, dass die Versprechungen der Abhandlung ebenso wenig erfüllt werden, wie die der Einleitung.

Zunächst Einiges über den Ausgangspunkt selbst.

---

[1] S. 17—21.

Carnot und Clapeyron setzten in ihren Untersuchungen, auf die sich von Helmholtz bezieht, voraus, dass die Quantität der Wärme, wenn sie Arbeit leistet, unverändert erhalten bleibt, und nur ihre Arbeitskraft abnimmt. Unter Voraussetzung des Energiebegriffes könnte man also etwa sagen, sie fassten eine Wärmemenge nicht als Energie auf, sondern als Konstante im Ausdruck der letzteren. Von Helmholtz dagegen will im Folgenden gerade zeigen, dass die Quantität der Wärme Energie ist, und somit, wenn sie Arbeit leistet, verbraucht wird, oder sich, nach R. Mayer's Ausdruck, verwandelt.

Wenn er also den Satz der genannten beiden Forscher seiner Arbeit zu Grunde legen wollte, war er unbedingt wissenschaftlich verpflichtet, zu untersuchen, inwiefern derselbe von der veränderten Auffassung der Wärme berührt wird. Aber dieser Verpflichtung wird er sich nirgends bewusst: ein solches Verfahren bei der Legung der Fundamente ist denn doch nicht kritisch zu nennen.

Der erwähnte Satz ist auch nur ein sehr unvollkommener Ausdruck der Erhaltung der Energie. Es fehlen ihm eben noch die fundamentalen Begriffe der Energie und Aequivalenz der Energiewerthe, die erst R. Mayer aufstellte. So war es auch möglich, dass Clapeyron den wahren Zusammenhang zwischen Wärme und Arbeit in dem Carnot'schen Prozesse nicht erkannte.

Für von Helmholtz aber ist es charakteristisch, dass er erstens den Satz von Carnot-Clapeyron unter einer ganz anderen Voraussetzung über die Natur der Wärme anwendet, als sie jene Forscher machten, ohne sich darüber irgendwie zu rechtfertigen, und dass er zweitens demselben nur eine weitere Ausdehnung auf andere Gebiete der Physik ausser der Wärmelehre geben will, ohne ihn prinzipiell zu vertiefen und bestimmter zu fassen. Seine Unzulänglichkeit, eine Idee mit logischer Strenge zu entwickeln, bis er zu ihrer wahren Grundlage gelangt, macht sich also, wie in seiner Einleitung, auch hier schon wiederum sehr auffallend bemerkbar.

Zur Darstellung des mehrerwähnten Satzes denkt sich von Helmholtz ein System von Naturkörpern, die sich von einer Anfangslage aus durch die Einwirkung ihrer gegenseitigen

Kräfte bewegen und einen Kreisprozess beschreiben, durch den sie wiederum in die Anfangslage gelangen. Der Satz fordert dann, dass bei dem gesammten Vorgange Arbeit weder gewonnen noch verloren wird.

Diese Darstellung deckt sich aber nicht mit dem Dargestellten; denn aus dem angenommenen Vorgange würde nur folgen, dass in einem Kreisprozesse bewegende Kraft weder erschaffen noch zerstört wird, aber die Vorgänge, die sich, ohne Einführung neuer Körper, nicht zu Kreisprozessen ergänzen lassen, umfasst er nicht.

Ein solcher Vorgang ist z. B. die Ueberleitung von Wärme von einem wärmeren zu einem kälteren Körper. Durch die wechselseitigen Kräfte des aus beiden Körpern bestehenden Systems ist die übergeleitete Wärme nicht zurückzuführen, sondern es müssen dazu neue Körper in das System aufgenommen werden.

In seinem Aufsatze über »Robert Mayers Priorität«[1]) spricht sich von Helmholtz ausführlicher über die vorliegende Darstellung des Prinzips der Erhaltung der Energie aus. Danach soll letzteres aus der experimentell festgestellten Unmöglichkeit des Perpetuum mobile rein induktiv zu erschliessen sein. Hiergegen ist aber ausser dem soeben Bemerkten noch Weiteres einzuwenden. Erstens nämlich ist die Erhaltung der Energie kein rein induktiver Satz, und zweitens würde sie aus der experimentellen Unmöglichkeit des Perpetuum mobile doch nur für unsere Werkstätten und Laboratorien, nicht aber als ein die gesammte Natur beherrschendes Prinzip sich ergeben.[2])

Den analytischen Ausdruck des verallgemeinerten Satzes von Carnot-Clapeyron sieht nun von Helmholtz in dem Satz von den lebendigen Kräften, was wiederum ganz willkürlich ist. Denn um physikalische Kombinationen mittels des letzteren darzustellen, müsste er doch erst beweisen, dass sie rein mechanischen Kombinationen äquivalent sind: dieser Beweis ist aber eben dasjenige, was er in seiner Abhandlung zu leisten verspricht, und sogar mehr;

---

[1]) Vorträge und Reden, S. 63, Z. 19 v. u. ff.
[2]) M. vergl. hierüber meine bereits oben angeführte Schrift »Ueber den Beweis des Prinzips« u. s. w., S. 33 ff.

weil dazu das vollständige Prinzip der Erhaltung der Energie nothwendig wäre, und nicht bloss dessen dunkle von Carnot-Clapeyron ausgesprochene Vorahnung.

Ferner würde dem Satze der beiden Physiker bekanntlich jedes beliebige vollständige Differential genügen, und nicht bloss ein solches, wie es der Satz von den lebendigen Kräften erfordert, ein Umstand, der von Helmholtz auch in späteren Jahren, wie es scheint, nicht zum Bewusstsein gekommen ist, da er in seinen Anmerkungen völlig darüber schweigt.

In dem vorliegenden Kapitel hat also von Helmholtz bisher folgende teils unklare, teils willkürliche Behauptungen ausgesprochen :

1. Er identifiziert den Satz von Carnot-Clapeyron mit dem Satze, dass in einem Kreisprozesse Arbeit weder erschaffen noch zerstört werden kann.

2. Er behauptet, der Satz von den lebendigen Kräften sei der adäquate Ausdruck des Satzes von Carnot-Clapeyron.

3. Er setzt voraus, dass die physikalischen Kombinationen mechanischen äquivalent sind. was zu beweisen eben die Aufgabe seiner Abhandlung ist.

Um dann zu beweisen, dass der Satz von den lebendigen Kräften nur für Centralkräfte[1]) gilt, macht er noch folgende weitere Voraussetzungen:

4. Dass sämmtliche Kräfte sich in Punktkräfte zerlegen lassen.

5. Das Prinzip von der gleichen Aktion und Reaktion.

6. Das Prinzip der Addition der Kräfte.

7. Dass die Kraft zwischen zwei Punkten nur denselben Bedingungen unterliegt, wie die zwischen einer endlichen Masse und einem Punkte.[2])

Ueber 1, 2, 3, 4 haben wir oben zur Genüge gesprochen; 5, 6 sind rein mechanische Prinzipien, und es ist doch wirklich unerhört, dass er sie ohne ein Wort der Be-

---

[1]) d. h. für Kräfte, die zwischen zwei Punkten in der Richtung von deren Verbindungslinie wirken, und deren Intensität nur von der Entfernung abhängt.

[2]) S. 20, Z. 9 v. u. ff.

gründung glaubt auf physikalische Systeme übertragen zu dürfen.

Was 7. anbetrifft, so sieht man doch sofort, wie auch schon oben hervorgehoben wurde, dass Punktkräfte noch besonderen Bedingungen unterliegen können, die bei ihrer Addition zu endlichen Kräften herausfallen.

Hätte von Helmholtz diese Sätze ausdrücklich als Hypothesen ausgesprochen, statt sie teils stillschweigend einzuschwärzen, teils so kläglich zu begründen wie die Zerlegung der endlichen Kräfte in Punktkräfte,[1]) so wäre das jedenfalls sehr viel wissenschaftlicher gewesen.

---

[1]) Ueber die analytische Darstellung der Energie vergleiche m. unten S. 139 Anmerkung.

Das Prinzip von der Erhaltung der Kraft.[1]

Definition des Integals nach von Helmholtz. — Seine Berechnung der Arbeit.

Es bezeichne m einen Massenpunkt, der sich unter Einwirkungen von Kräften bewegt, die von einem Punkte a ausgehen; ferner seien x, y, z die rechtwinkligen Koordinaten von m, bezogen auf ein gegen a fest bestimmtes Axensystem; q dessen Tangentialgeschwindigkeit;

$$u = \frac{d\,x}{d\,t}, \quad v = \frac{d\,y}{d\,t}, \quad w = \frac{d\,z}{d\,t},$$

deren den Axen parallele Komponenten; und schliesslich X, Y, Z die Komponenten der wirkenden Kräfte.

Dann ist

$$d\,(q^2) = \frac{2\,X}{m}\,d\,x + \frac{2\,Y}{m}\,d\,y + \frac{2\,Z}{m}\,d\,z.[2]$$

Ist ferner φ die Intensität der Kraft in Richtung der Verbindungslinie r von m und a, die, wenn sie anzieht, positiv, wenn sie abstösst, negativ gesetzt werde; so ist

$$X = -\frac{x}{r}\,\varphi, \quad Y = -\frac{y}{r}\,\varphi, \quad Z = -\frac{z}{r}\,\varphi,$$

und aus der vorhergehenden Gleichung folgt

$$m\,d\,(q^2) = -\frac{2}{r}\varphi\,(x\,d\,x + y\,d\,y + z\,d\,z),$$

$$\tfrac{1}{2}\,m\,d\,(q^2) = -\varphi\,d\,r.$$

oder, zwischen den Grenzen Q, q bezw. R, r integrirt,

$$\tfrac{1}{2}\,m\,Q^2 - \tfrac{1}{2}\,m\,q^2 = \int_r^R \varphi\,d\,r,$$

[1] S. 21 - 27.

[2] Die Gleichung und die Definiton der Buchstaben sind von v. H. schon im vorigen Abschnitte gegeben.

Nun schreibt von Helmholtz:

»Um die Bedeutung der Grösse $\int_r^{'R} \varphi \, d \, r$ zu finden, denken wir uns die Intensitäten von φ, welche zu verschiedenen Punkten der Verbindungslinie von m und a gehören, durch rechtwinklig aufgesetzte Ordinaten dargestellt: so würde die genannte Grösse den Flächeninhalt bezeichnen, den die Kurve zwischen den zu R und r gehörigen Ordinaten mit der Abscissenaxe einschliesst. *Wie man sich nun diesen Flächenraum als die Summe aller der unendlich vielen in ihm liegenden Abscissen vorstellen kann, so ist jene Grösse der Inbegriff aller Kraftintensitäten, welche in den zwischen R und r liegenden Entfernungen wirken.*

In dem letzten der angeführten Sätze ist, wie der Zusammenhang zeigt, statt »Abscissen« jedenfalls »Ordinaten« zu lesen.

Also nach von Helmholtz ist

1. ein Flächenraum gleich der Summe aller in ihm liegenden Abscissen (Ordinaten)! und

2. das Integral $\int_r^{'R} \varphi \, d \, r$ gleich der Summe aller Werthe von φ zwischen R und r, d. h. gleich einer Summe von Differentialquotienten!

Jede Bemerkung ist hier überflüssig.

Er geht hierauf zu Punktsystemen über. Die Massenpunkte m_1, m_2, m_3 ... bezeichnet er allgemein durch m_a und entsprechend die zugehörigen Grössen. Dann ist für einen einzelnen Punkt m_n

$$X_n = \sum \left[(x_a - x_n) \frac{\varphi_{an}}{r_{an}} \right] = m_n \frac{d u_n}{d t},$$

$$Y_n = \sum \left[(y_a - y_n) \frac{\varphi_{an}}{r_{an}} \right] = m_n \frac{d v_n}{d t},$$

$$Z_n = \sum \left[(z_a - z_n) \frac{\varphi_{an}}{r_{an}} \right] = m_n \frac{d w_n}{d t},$$

»wo das Summationszeichen Σ sich auf alle die Glieder bezieht, welche entstehen, wenn man nach einander für den Index a alle einzelnen Indices 1, 2, 3 etc. mit Ausnahme von n setzt.«

Indem er dann diese drei Gleichungen bezw. mit $d x_n$, $d y_n$, $d z_n$ multipliziert, derartige Gleichungen für jeden einzelnen Punkt aufstellt, und sie sämtlich addiert, erhält er, bei Berücksichtigung der bekannten Beziehung

$$(x_a - x_b +)^2 \, (y_a - y_b)^2 + (z_a - z_b)^2 = r^2,$$

die Gleichung

$$- \sum \left[\varphi_{ab} \, d r_{ab} \right] = \sum \left[{}^1\!/_2 \, m_a \, d \, (q_a{}^2) \right].$$

oder

$$- \sum \left[\int_{r_{ab}}^{R_{ab}} \varphi_{ab} \, d\, r_{ab} \right] = \sum \left[{}^1\!/_2 \, m_a \, Q_a^2 \right] - \sum \left[{}^1\!/_2 \, m_a \, q_a^2 \right] \quad (a).$$

»*Die Glieder der Reihe links werden erhalten, wenn man erst statt* a *alle einzelnen Indices 1, 2, 3 u. s. w. setzt, und bei jedem einzelnen auch für* b *alle grösseren und alle kleineren Werte als* a *schon hat*«.[1])

Offenbar steht hiernach auf der linken Seite der Gleichung *das Doppelte der Arbeit*, und damit die Gleichung richtig wird, müsste ihre linke Seite mit $\frac{1}{2}$ multiplizirt werden.

In Betracht der ganz bestimmten Angabe über die Bedeutung der Indices a und b kann hierüber gar kein Zweifel bestehen. Auch in den übrigen Gleichungen des vorliegenden Kapitels kehrt derselbe Fehler wieder.

Wenn also von Helmholtz, allerdings mit Recht, R. Mayer den Vorwurf macht, die lebendige Kraft doppelt angesetzt zu haben, so konnte R. Mayer ebenfalls mit vollem Recht von Helmholtz den Vorwurf zurückgeben, die Arbeit doppelt berechnet zu haben.

In dem Kapitel über Elektrostatik werden wir Gelegenheit haben, die Potentialbestimmungen von von Helmholtz noch genauer kennen zu lernen.

In dem vorliegenden Abschnitte ist die Aufstellung der Funktion $\int \varphi \, d\, r$ zweckmässig, wenn ich auch die Bezeichnung »Quantität der Spannkräfte«, die von Helmholtz für sie gewählt hat, nicht für geeignet halte, da sie zu speziell ist.

Wie unzulänglich ist aber die mathematische Entwickelung! Eine Fläche soll aus der Summe ihrer Ordinaten bestehen, und in dem genannten Integral ist der Faktor $\frac{1}{2}$ vergessen.

---

[1]) S. 24, Z. 4 v. o. ff.

Die Anwendung des Prinzips in den mechanischen Theoremen. [1])

Aufzählung von Vorgängen, worin die Erhaltung der lebendigen Kraft bereits anerkannt war. — Allgemeine Muthmassungen.

Von Helmholtz führt zuerst Thatsachen an, für die man die Erhaltung der lebendigen Kraft, als er schrieb, bereits annahm, auf die wir daher hier nicht einzugehen brauchen.

Ueber die Vorgänge, wobei mechanische lebendige Kraft verloren geht, spricht er allgemeine Vermuthungen aus.

So vergleicht er z. B. die Wirkung des Sonnenlichtes auf Chlorknallgas mit derjenigen der katalytisch wirkenden Körper. Beide dürften jedoch sehr verschieden sein. Die katalytische Wirkung ist spezifisch chemisch und nicht unabhängig von der wirkenden Oberfläche; wogegen das Sonnenlicht die Energie des Chlorknallgases auslöst.

Für die Erhaltung der Energie hatte übrigens eine solche unbestimmte Vergleichung zweier unbekannter Vorgänge gar keinen Werth.

Weit nützlicher wäre es für deren Erkenntnis gewesen, wenn von Helmholtz die Natur der »Auslösung« untersucht hätte, wozu er hier Veranlassung nehmen konnte. Er begnügt sich jedoch mit der Bemerkung, dass das Sonnenlicht den »Anstoss« zu der chemischen Thätigkeit giebt, wobei man sich jetzt wohl etwas denken kann, was aber damals, als er schrieb, nichts besseres als eine leere Phrase war.

---

[1]) S. 27—31.

Kraftäquivalent der Wärme.[1]

Stoss und Reibung. — Wärmeäquivalent der Arbeit. — Arbeitsäquivclent der Wärme. — Wärme als Bewegung aufgefasst. — Chemische Wärme. — Erzeugung und Verschwinden von Wärme. — Was von Helmholtz als Herleitung des mechanischen Wärmeäquivalents bezeichnet. — Formeln von Clapeyron und Holtzmann. — Rückblick.

Die Wärmelehre war für die Einführung des Prinzips der Erhaltung der Energie ohne Zweifel bei Weitem am wichtigsten; an ihr werden daher die Leistungen unseres Autors am besten zu messen sein.

Er beginnt mit der Anführung des unelastischen Stosses und der Reibung, wobei man einen absoluten Verlust an mechanischer Kraft annahm, während nach ihm deren Aequivalent in der entstehenden Wärme, unter Umständen auch in der Erregung von Elektrizität, von Schall und in einer Vermehrung der Spannkräfte zu suchen ist.

Da von Helmholtz die ersten Arbeiten Joule's kannte, durch die die Aequivalenz von Reibungswärme und Arbeit, wenn auch nicht bewiesen, so doch als Problem formuliert wurde; so war in seinen Betrachtungen über Stoss und Reibung die Voraussetzung dieser Aequivalenz nicht originell: ihm eigenthümlich ist darin nur der Ausdruck »Vermehrung der Spannkräfte«, wofür andere Physiker damals etwa Vermehrung der Spannung gesagt hätten. Denn die Annahme, dass in den Körpern eine Spannung vorhanden sein kann, war bereits üblich.[2]

---

[1] S. 31—41.

[2] M. vergl. z. B. »mechanische Naturlehre« von Fischer. bearbeitet von August. Berlin. Nauk, 1840.

Diese etwas veränderte Bezeichnung, die er für den inneren Zustand der Körper wählt, ist aber mehr als eine blosse Wortänderung; vielmehr will er damit stillschweigend eine ganz bestimmte Hypothese einführen. Denn, wie wir oben sahen, stellte er den Ausdruck der Spannkräfte für Centralkräfte auf, indem er ihn auf die molekularen Vorgänge in den Körpern anwendet, behauptet er somit implicite, dass die Molekularkräfte Centralkräfte sind, was doch jedenfalls einer Begründung bedurfte. Die Molekularkräfte sind in messbaren Entfernungen Null: wie geht das zu, wenn ihre Intensität nur von der Entfernung abhängt? Die Erklärung, dass sie vorhanden sind, aber unmerklich schwach, ist doch nur ein Nothbehelf.

In einer Arbeit, worin von Helmholtz die Prinzipien der Physik festlegen wollte, musste er sich über diesen Punkt und andere jedenfalls äussern; nicht aber dem Leser zumuthen, die Molekularkräfte ohne Weiteres als Centralkräfte aufzufassen.

Wir haben hier wieder den von Helmholtz wie wir ihn in den früheren Abschnitten kennen lernten: die Hypothesen, worauf seine Theorie beruht, führt er nicht offenkundig als solche ein, was ja wissenschaftlich berechtigt sein könnte, sondern sie werden stillschweigend eingeschwärzt.

Er fragt nun, ob bei den genannten Vorgängen die Summe der erhaltenen Kräfte immer der verlorenen Arbeit entspricht,[1] worin er, wie erwähnt, nicht originell war.

Finden keine anderen als mechanische und Wärmeänderungen statt, so ist die Frage zu stellen,

»ob für einen gewissen Verlust an mechanischer Kraft jedesmal eine bestimmte Quantität Wärme entsteht, und inwiefern eine Wärmequantität einem Aequivalent mechanischer Arbeit entsprechen kann.«[2]

Zur Lösung des ersten Problems, der Bestimmung des mechanischen Wärmeäquivalentes, weiss er nur die ersten Versuche Joule's anzuführen, die er mit Recht für ungenügend erklärt. Er lässt es also auf dem Punkte, wo er es gefunden hat.

---

[1] S. 32, Z. 3 v. u. ff.
[2] S. 32. Z. 3 v. u. ff.

Ausführlich geht er auf das zweite Problem, die Entstehung von Arbeit aus Wärme, ein.

Zuerst sucht er zu beweisen, dass die Wärme eine Bewegung ist, zu welchem Zwecke er den Versuch Davy's über das Schmelzen von Eis durch Reibung, die Wärmeentwickelung bei der Entladung von Leydener Flaschen und den Versuch von Joule über die Entstehung von Wärme durch den magnetelektrischen Strom anführt.

Da dieselben nach von Helmholtz ergeben, dass die Quantität der Wärme absolut vermehrt werden kann, so schliesst er, dass sie kein Stoff, sondern eine Bewegung sein muss, und erklärt die sogenannte latente Wärme als innere Arbeit.

Das einzige, was man von diesen Ausführungen zunächst für sein Eigenthum halten könnte, wäre die Erklärung der latenten Wärme: doch auch sie kommt ihm nicht zu; da F. Mohr schon im Jahre 1837 dieselbe Auffassung ausgesprochen hatte. [1])

Wenn nun auch die vorstehend erwähnten Versuche die Annahme eines Wärmestoffes unwahrscheinlich machten, so folgte daraus noch nicht, dass die Wärme für eine Bewegung zu halten war, wie ich im ersten Theile dieser Schrift dargelegt habe. [2])

Aber wenn wir auch annehmen, sie erwiesen die Wärme als Bewegung, so stellten sie doch kein mechanisches Mass der Wärmebewegung fest. Der unbestimmte Satz: die Wärme ist eine Bewegung, ist nicht identisch mit dem Satze: eine Wärmemenge ist einer lebendigen Kraft äquivalent. Letzterer folgt vielmehr erst aus der Bestimmung des mechanischen Wärmeäquivalentes, die von Helmholtz bei seinen vorliegenden Aeusserungen nicht voraussetzen durfte, da er die ihm damals bekannten Versuche Joule's verwirft.

Er musste daher die Möglichkeit erwägen, ob nicht z. B. die Temperatur oder irgend eine andere Wärmefunktion

---

[1]) In »Ansichten über die Natur der Wärme«: Ann. d. Pharmacie Bd. 24, S. 141; wieder abgedruckt in F. Mohr, »Mechanische Theorie der chemischen Affinität«. Braunschweig, Vieweg, 1868. Die betreffende Stelle findet sich daselbst S. 41, Z. 12 v. o. ff.

[2]) S. 42 ff.

mechanischer Energie äquivalent ist. Er musste auch die allgemeine Frage stellen, ob überhaupt die Wärmebewegung auf Centralkräfte zurückzuführen sei, für die er ausschliesslich die Erhaltung der Energie formuliert hatte.

Aber von alledem geschieht nichts; wir sehen also auch hier wiederum, wie kritiklos er bei der Aufstellung der Prinzipien verfuhr.

Um alsdann die Art der Wärmebewegung zu bestimmen, macht er über molekulare Bewegungen eine Reihe zum Theil willkürlicher Voraussetzungen, worauf wir um so weniger einzugehen brauchen, als er schliesslich selbst äussert:

»welcher Art aber diese Bewegungen seien, zu bestimmen, dazu fehlen uns alle Anhaltspunkte;«

doch hierüber macht er sich weiter keine Sorgen; denn er setzt sogleich hinzu:

»auch ist für unseren Zweck die Einsicht der Möglichkeit hinreichend, dass die Wärmeerscheinungen als Bewegungen gefasst werden können.«[1]

So genügsam können wir aber doch nicht sein.

Unser Zweck ist, die Erhaltung der Energie nachzuweisen: identifizieren wir dieselbe nun, wie von Helmholtz mit der Auffassung der Wärme als Bewegung, so kann uns nicht die »Einsicht der Möglichkeit« dieser Auffassung genügen, sondern wir müssen die Einsicht ihrer Nothwendigkeit zu erlangen suchen.

Von Helmholtz geht freilich in seiner Genügsamkeit noch weiter; wenige Zeilen später schreibt er:

Die Erhaltung der Kraft würde bei dieser Bewegung so weit stattfinden, als bisher die Erhaltung der Quantität des Wärmestoffes erkannt ist, nämlich bei allen Erscheinungen der Leitung und Strahlung aus einem Körper zu dem anderen, bei der Bindung und Entbindung von Wärme durch Aenderung des Aggregatzustandes.«

Also die Erhaltung der Energie reicht nicht weiter als die Erhaltung der Quanität des Wärmestoffes. Wozu denn aber die Mühe mit dem Wirbeln und Schwingen der

---

[1] S. 36. Z. 18 v. o. ff.

Atome, wenn Erhaltung der Energie und Wärmestoff nichts
als zwei verschiedene Annahmen sind, die gleich weit reichen,
so dass es schliesslich Geschmackssache wäre, welche von
beiden Auffassungen man wählt.

Man kann doch wirklich nicht sagen, dass von Helmholtz hier eine besonders tiefe Auffassung von der Erhaltung
der Energie bekundet.

Ebenso seicht ist seine dann folgende Betrachtung der
Wärmeentwickelung bei chemischen Vorgängen.[1]) Die Un-
hängigkeit der chemischen Wärme vom Wege des Vorganges konnte, für sich betrachtet, durch die Annahme erklärt werden, zur Konstitution der Körper gehöre eine
bestimmte Menge latenten Wärmestoffes: *von Helmholtz
stellt daher diese Annahme und die Erhaltung der Energie
für die chemischen Vorgänge als gleichwerthige Hypothesen
neben einander. Die Beziehungen der chemischen zu
anderen Vorgängen, im Besonderen zu mechanischen,
berücksichtigt er mit keinem Worte.*

Seichter konnte in der That die chemische Wärme
nicht behandelt werden. Schon Rumford hatte fünfzig Jahre
früher tiefer über sie nachgedacht, als hier von Helmholtz.

Ersterer hatte die Thatsache beobachtet, dass ein
Geschütz, mit blinder Ladung abgefeuert, sich stärker erwärmt, als mit scharfer, und sie ganz richtig mit der verschiedenen Geschwindigkeit in Verbingung gebracht, die die
aus dem Rohre tretenden Pulvergase in beiden Fällen besitzen.[2])

Dadurch machte er einen Anfang zur Erörterung der
Beziehungen zwischen chemischen und mechanischen Vor-
gängen; ihm fehlte nur, um zur völligen Klarheit über die
Sache zu gelangen, der Begriff der mechanischen Arbeit.

Von Helmholtz dagegen, dem er zur Verfügung stand,
denkt nicht daran, sich die Frage vorzulegen, ob denn der
latente chemische Wärmestoff und die Erhaltung der Energie
noch als gleichartige Hypothesen neben einander zu stellen
sind, wenn z. B. Pulvergase oder Knallgas Arbeit leistet.

---

[1]) S. 36, Z. 11 v. u. ff.
[2]) Berthold, Rumford, S. 42.

Hierauf lesen wir Folgendes:

>Ebensowenig als man die *Bedingungen und Gesetze der Erzeugung von Wärme untersucht hat, obgleich eine solche unzweifelhaft stattfindet,* ist dies für das Verschwinden derselben geschehen. Bisher kennt man nur die Fälle, wo chemische Verbindungen aufgehoben wurden, oder dünnere Aggregatzustände eintraten und dadurch Wärme latent wurde. Ob bei der Erzeugung mechanischer Kraft Wärme verschwinde, was ein notwendiges Postulat der Erhaltung der Kraft sein würde, ist noch niemals gefragt worden. Ich kann dafür nur einen Versuch von Joule anführen, der ziemlich zuverlässig zu sein scheint«.[1]

Der Versuch, den er darauf anführt, ist der bekannte über das Ausströmen von Luft in den lufterfüllten und den luftleeren Raum, wobei sie sich im ersten Falle abkühlt, im zweiten aber eine unveränderte Gesamttemperatur behält.

Dass die Luft bei ihrer Ausdehnung ohne Arbeit sich nicht abkühlt, hatte aber bereits Gay Lussac nachgewiesen, was von Helmholtz nicht wusste, wohl aber Robert Mayer; obgleich von Helmholtz sich mit ihm vergleichend, ihn als einen Mann charakterisiert,

>dem die Gelegenheit, den damaligen Inhalt der Wissenschaft kennen zu lernen, vielleicht knapper zugemessen war als mir . . .«[2]

Hiernach war also doch, wie es scheint, die Gelegenheit sich Kenntnisse in der physikalischen Litteratur zu erwerben in Heilbronn weit reichlicher zugemessen als in Potsdam. oder in der damals neu gegründeten physikalischen Gesellschaft zu Berlin.

Der unwissende R. Mayer hätte übrigens dem gelehrten von Helmholtz auch eine Thatsache mittheilen können, wonach bei Erzeugung mechanischer Arbeit Wärme verschwindet. Ersterer wusste nämlich, dass in der arbeitenden Dampfmaschine die von den Dämpfen aufgenommene Wärme-

---

[1] S. 37, Z. 12 v. o. ff.
[2] Vorträge und Reden I, S. 67, Z. 19 v. u.

menge grosser ist als die von ihnen bei ihrer Verdichtung abgesetzte.[1])

Von Helmholtz hätte also, indem er sich mit R. Mayer verglich, etwas mehr Selbstkritik üben sollen.

Aeusserst naiv sind auch in dem angeführten Absatze die ersten Worte· Danach sind zwar die Bedingungen und Gesetze der Wärmeerzeugung nicht untersucht, aber sie findet unzweifelhaft statt!

Nach von Helmholtz kann man also physikalische Thatsachen »unzweifelhaft« feststellen, ohne ihre Bedingungen und Gesetze zu untersuchen.

Das schreibt ein Physiker, der im Bewusstsein seiner vermeintlichen induktiven Makellosigkeit glaubte, den Hypothesenmacher R. Mayer abkanzeln zu dürfen.

Zum Schlusse hat uns unser Autor noch eine wirkliche Ueberraschung aufgespart. Er schreibt:

»Wir haben jetzt noch zu untersuchen, in welchem Verhältnis die Versuche von Clapeyron und Holtzmann das Kraftäquivalent der Wärme herzuleiten, zu dem unsrigen stehen.[2])

Ich denke, jeder, der diese Worte liest, wird sich erstaunt fragen: wo hat denn von Helmholtz seinen Versuch, das Kraftäquivalent der Wärme herzuleiten, von dem er hier spricht, beschrieben?

Und wenn er dann den Abschnitt über die Wärme nochmals durchliest, und darin nichts anderes findet als wir gefunden haben, nämlich unbestimmtes Gerede über damals schon bekannte Thatsachen, so wird es ihm kaum fassbar sein, dass von Helmholtz dergleichen als einen Versuch zur Bestimmung des machanischen Wärmeäquivalentes bezeichnen konnte.

Und Clapeyron hat doch auch keinen Versuch zur Bestimmung dieser Konstanten gemacht.

Die physikalischen Vorstellungen von von Helmholtz erscheinen hier also gerade so nebelhaft wie seine logischen in der Einleitung waren.

[1]) M. vergl. oben S. 29 Anm.
[2]) S. 37, Z. 3 v. u. ff.

Clapeyron hatte für Gase die Formel aufgestellt:

$$C = \frac{v\,d\,q}{d\,v} - p\,\frac{d\,q}{d\,p},^{[1]}$$

worin d q die dem Gase zugeführte Wärme, v und p bezw. dessen Volumen und Druck bezeichnen.

Diesen Ausdruck setzt nun von Helmholtz hypothetisch gleich dem von Holtzmann gefundenen

$$\frac{p.\,v}{a} = \frac{v\,d\,q}{d\,v} - p\,\frac{d\,q}{d\,p},^{[2]}$$

worin a das machanische Wärmeäquivalent bedeutet, und erhält so

$$C = \frac{p.\,v}{a},$$

ein Resultat, das zuerst Joule vermuthet haben soll.[3]

Die Formel von Clapeyron ist aber, wie von Helmholtz bei Abfassung seiner Abhandlung wusste,[4] unter der Erhaltung der Energie widersprechenden Voraussetzung abgeleitet, dass die Wärme während sie Arbeit leistet, ihrer Quantität nach unverändert bleibt, und die Rechnungen von Holtzmann führen auch zu Widersprüchen mit dem genannten Prinzip, wie von Helmholtz später zugab.[5]

Stellen wir uns also auf den Standpunkt, den er bei Abfassung seiner Abhandlung einnahm, so hat er eine Formel, die auf Grund eines der Erhaltung der Energie widersprechenden Prinzips abgeleitet war. mit einer anderen verglichen, die auf diesem Prinzip beruhte.

Stellen wir uns dagegen auf seinen späteren Standpunkt, so hat er zwei Formeln miteinander verglichen, deren Voraussetzungen der Erhaltung der Energie widersprachen.

Beide Operationen konnten doch jedenfalls nichts zur Begründung der Erhaltung der Energie beitragen. Dazu hätte er die Formel von Clapeyron richtig ableiten müssen, was er aber nicht gethan hat.

---

[1] S. 38.

[2] S. 40.

[3] Nach Kühlmann, Handbuch der mechanischen Wärmetheorie, Braunschweig, Vieweg, 1873, S. 402 a. E.

[4] S. 33, Z. 15 v. u. ff.; S. 38, Z. 1 v. o. ff.

[5] S. 90, a. Anf.

Das Kapitel über das Kraftäquivalent der Wärme macht den Eindruck eines Berichtes, der eine Uebersicht der damals in Bezug auf sein Thema bekannten Thatsachen geben soll. Neues aus eigenem Vorrat setzt sein Verfasser nicht hinzu. Die Idee der Aequivalenz von Wärme und Arbeit ist nicht sein Eigenthum, und ebensowenig das, was er über ihre thatsächliche Bestätigung mitteilt. Auch versteht er es nicht, aus den angeführten Thatsachen selbständige Schlüsse zu ziehen. So konnte ihn der Versuch von Gay Lussac auf die wichtigsen Folgerungen über die Natur der Gase führen; doch er weiss nichts damit zu machen, und beschränkt sich darauf, ihn unter Joule's Namen anzuführen.

Will man ihm die hypothetische Vergleichung der Formeln von Clapeyron und Holtzmann als Verdienst anrechnen, so ist das doch jedenfalls eine sehr mässige Leistung, die übrigens in der Art, wie er sie ausführt, für die Erhaltung der Energie ganz gleichgültig ist.

Und wenn wir auch auf eigene Leistungen unseres Berichterstatters verzichten, so kann doch seine Arbeit nicht befriedigen.

Denn erstens ist sie zu unvollständig. Die Untersuchungen Robert Mayer's, die unvergleichlich wichtigsten in dem Gebiete, wovon er eine Uebersicht geben will, lässt er, wie er später angiebt aus Unkenntnis, ganz unberücksichtigt.

Ebenso waren ihm, wie es scheint, Rumford's Arbeiten unbekannt geblieben, während Robert Mayer Gelegenheit gefunden hatte, von ihnen Kenntnis zu nehmen.[1]) Ferner erfasst er garnicht einmal die Bedeutung des Problems, worüber er berichten will.

Wenn jemand zu der Zeit, als die Abhandlung »Ueber die Erhaltung der Kraft« erschien, sich nur aus ihr über die Aequivalenz von Wärme und Arbeit belehrte, so mochte er diese für eine ganz »interessante« Hypothese halten, die in manchen Fällen besser, in anderen ebenso gut wie die ältere Auffassung der Wärme zu verwenden ist; aber es konnte ihm ganz verborgen bleiben, dass sie ein Fundamental-

---

[1]) M. vergl. Organische Bewegung S. 61, Z. 4 v. u.

prinzip der gesamten Naturerkenntnis ist: wurde es ihm klar, so war das sein eigenes Verdienst, nicht das von von Helmhotz.

Man könnte nun vielleicht die unsicher tastenden Aeusserungen des letzteren durch seine kritische Vorsicht erklären wollen; doch damit thäte man ihm sehr unrecht. Es kam ihm garnicht auf eine Hypothese an, wenn sie auch noch so gewagt war; vielmehr ist fast alles, was wir von ihm gehört haben, nichts als ein verworrener Knäuel von Hypothesen.

Der schwankende, unstäte Schritt, womit er das Gebiet der Wärmeerscheinungen durchwandert, erklärt sich daraus, dass er sein Ziel und den Weg, der dazu führt, gar nicht scharf erkennt. Daher die Verzettelung des Denkens an die molekularen Bewegungen, an die Clapeyron'sche Gleichung, was alles glücklicher Weise für die Aequivalenz von Wärme und Arbeit ganz gleichgültig ist.

Kraftäquivalent der elektrischen Vorgänge.[1]

Gewinn an lebendiger Kraft bei der wechselseitigen Neutralisation zweier geladener Leiter. — Anwendung auf die Entladung der Leydener Flasche. — Elektrische Fluida. — Rückblick.

Von Helmholtz wollte das Gesetz der elektrischen Wärmeentwicklung bestimmen, wozu er den Ausgleich der Elektrizität unter ganz besonderen Bestimmungen betrachtete.

Gegen seine darauf bezüglichen Potentialbestimmungen erhob Clausius Einwendungen, die von Helmholtz nicht als berechtigt anerkannte, wogegen Clausius sie aufrecht erhielt.

Da hiernach der Streit zwischen den beiden Physikern unentschieden erscheinen könnte, werde ich auf diese Potentialbestimmungen, unter Berücksichtigung der Bemerkungen von Clausius auch meinerseits genauer eingehen. Denn die Sache ist sowohl für die Beurtheilung der vorliegenden Abhandlung von von Helmholtz wie auch seines wissenschaftlichen Verhaltens überhaupt von grosser Wichtigkeit.

Es seien zwei Körper A und B gegeben; A enthalte ebenso viel positive wie B negative Elektrizität, und die Elektrizitäten beider Körper sollen sich gegenseitig ausgleichen, indem die Hälfte positiver Elektrizität von A nach B und die Hälfte negativer Elektrizität von B nach A fliesst.[2]

»Nennen wir die Potentiale der Körper auf sich selbst W_a und W_b, das Potential derselben gegen einander V, so finden wir *(unter den hier gemachten Annahmen)* die ganze gewonnene lebendige Kraft, wenn wir das Potential der übergehenden elektrischen

[1] S. 41—46.
[2] S. 42, Z. 13 v. u. ff.

Massen vor der Bewegung gegen jede der andern Massen und auf sich selbst abziehen von denselben Potentialen nach der Bewegung. Dabei ist zu bemerken, dass das Potential zweier Massen sein Zeichen wechselt. Es kommen also in Betracht folgende Potentiale:

1. des bewegten $+\frac{1}{2}$ E aus A

 gegen sich selbst $\frac{1}{4}$ $(W_b - W_a)$ (α)

 gegen das bewegte $-\frac{1}{2}$ E $\frac{1}{4}$ $(V-V)$ (β)

 gegen das ruhende $+\frac{1}{2}$ E $\frac{1}{4}$ $(-V-W_a)$ (γ)

 gegen das ruhende $-\frac{1}{2}$ E $\frac{1}{4}$ $(-W_b-V)$ (δ)

2. des bewegten $-\frac{1}{2}$ E aus B

 gegen sich selbst $\frac{1}{4}$ (W_a-W_b) (α)

 gegen das bewegte $+\frac{1}{2}$ E $\frac{1}{4}$ $(V-V)$ (β)

 gegen das ruhende $-\frac{1}{2}$ E $\frac{1}{4}$ $(-V-W_b)$ (γ)

 gegen das ruhende $+\frac{1}{2}$ E $\frac{1}{4}$ $(-W_a-V)$ (δ)

$$\text{Summe} \quad -\left(V + \frac{W_a + W_b}{2}\right)$$

Diese Grösse giebt uns also das Maximum der zu erzeugenden lebendigen Kraft und die Quantität der Spannkraft an, welche durch das Elektrisieren gewonnen wird.«[1])

Gegen diese Potentialbestimmungen wendete nun Clausius ein, von Helmholtz habe das Potential und somit auch die Arbeit einer Masse auf sich selbst doppelt so gross gesetzt als sie in Wahrheit sind, auch sei die gesonderte Aufführung der Potentiale V des bewegten $+\frac{1}{2}$ E aus A gegen das bewegte $-\frac{1}{2}$ E aus B (Formel 1 (β)) und des bewegten $-\frac{1}{2}$ E aus B gegen das bewegte $+\frac{1}{2}$ E aus A (Formel 2 (β)) ein Fehler, der sich freilich aus dem Endresultate heraushebe.[2])

Auf dem ersten Einwand antwortete von Helmholtz, er habe zwischen Potential und Arbeit einer Masse in Bezug

---

[1]) Die in ( ) kursivgedruckten Worte sind ein späterer Zusatz. Die griechischen Buchstaben habe ich, um leichter auf die einzelnen Ausdrücke verweisen zu können, zugesetzt.

[2]) Der Streit wurde in Pogg. Ann. geführt. Die Antworten von von Helmholtz sind wieder abgedruckt S. 75, 76 ff., woselbst auch die Stellen der Einwendungen von Clausius angeführt sind. M. s. auch S. 93 Anmerk.

auf sich selbst unterschieden und ersteres als das Doppelte
der letzteren angenommen. Unter Voraussetzung dieser
Definitionen seien seine Formeln streng richtig. Später habe
er sich dem zweckmässigeren Gebrauche anderer Autoren
angeschlossen.

Auf den zweiten Einwand antwortet er garnicht.

Clausius hebt dagegen nochmals hervor, von Helmholtz habe nicht nur der doppelten Grösse der Arbeit den
Namen Potential gegeben, sondern seiner ganzen bezüglichen
Darstellung liege auch die irrige Ansicht zu Grunde, »dass diese
doppelte Grösse der Ausdruck der gethanen Arbeit und daher das Maass der dabei möglicherweise zu erzeugenden
lebendigen Kraft sei«. Zum Beweise zeigt er, dass die Formeln von von Helmholtz falsch werden, wenn die zwischen
A und B übergehenden Elektrizitätsmengen nicht mehr, wie
letzterer voraussetzt, $+ \frac{1}{2} E$ und $- \frac{1}{2} E$ betragen.

Nun erwidert von Helmholtz, Clausius habe ihn
vollständig missverstanden, seine Formeln seien nicht allgemein, sondern gerade für den besonderen von ihm betrachteten Fall aufgestellt, wogegen Clausius nochmals hervorhebt, die Potentialbestimmung von von Helmholtz habe
»nur durch den zufälligen Umstand, dass er sich auf die
Betrachtung eines sehr einfachen speziellen Falles beschränkt
hat, zu einem richtigen Resultate geführt«.

Hierauf antwortet von Helmholtz überhaupt nicht
mehr.

Seine Vertheidigung macht, auch wenn man seine Angaben als richtig hinnehmen wollte, einen sehr ungünstigen
Eindruck. Denn es ist in der That ein höchst seltsames
Verfahren, wenn er an einer Stelle, wo er Vorgänge von fundamentaler Bedeutung mathematisch darstellen will, Potentialbestimmungen giebt, die nur für ganz bestimmte Werthe
richtig sind, und die somit nur die Geltung von ganz be-
schränkten empirischen Formeln haben.

Und warum übergeht er die doppelte Ansetzung des
Potentials V ganz mit Stillschweigen?

Man könnte geneigt sein, sie für ein Versehen zu halten,
was jedoch nicht berechtigt wäre.

Vielmehr lässt sich bestimmt nachweisen, dass von
Helmholtz *erstens nicht nur das Potential einer Masse
auf sich selbst, sondern auch die entsprechende Arbeit
ganz allgemein doppelt berechnet, und dass er zweitens
auch ein endliches Potential zweier Massen auf einander
ganz widersinnig in ein Potential der ersten auf die
zweite und der zweiten auf die erste zerlegt.*

Zum Beweise der ersten Behauptung brauche ich nur
an den mathematischen Ausdruck der Erhaltung der Kraft
zu erinnern, den er in dem davon handelnden Kapitel entwickelt hat. In der dort aufgestellten allgemeinen Gleichung
zwischen Arbeit und lebendiger Kraft ist erstere irrthümlich
doppelt berechnet.[1])

Die zweite Behauptung wird sich bestätigen, indem
wir nach einander seine einzelnen Potentialbestimmungen
prüfen. Nach den besonderen Voraussetzungen, die von .
Helmholtz annimmt, muss man sich vorstellen, jedes Element der ursprünglich auf den Körpern A und B befindlichen Elektrizitäten, deren Quantitäten entgegengesetzt gleich
und gleich vertheilt sind, werde in zwei Hälften zerlegt, wovon die eine in Ruhe bleibt, die andere auf den anderen
Körper übergeht, und dort die Stelle der in entgegengesetzter
Richtung übergegangenen Elektrizität einnimmt.

Das Potential W_a das die ursprünglich auf A vorhandene
Quantität E auf sich selbst besitzt, ist nun gleich der Summe
der Potentiale

1) des ruhenden $+ \frac{1}{2}$ E auf sich selbst,
2) des bewegten $+ \frac{1}{2}$ E „ „ „
3) des bewegten $+ \frac{1}{2}$ E und des ruhenden $+ \frac{1}{2}$ E
   aufeinander.

Diese Zerlegung ist jedenfalls richtig, gleichgültig ob
das Potential das Doppelte der Arbeit bezeichnet, oder ihr
gleich ist.

Die Potentiale unter 1) und 2), von denen von
Helmholtz nur das zweite in dem obigen Schema auf-
führt, sind unter den von ihm angenommenen Voraus-

---

[1]) Man vergl. oben S. 100 die Glg. (a) und den darauf folgenden
kursiv gedruckten Satz.

setzungen gleich; bezeichnet man jedes von ihnen mit P und das Potential unter 3) mit Π, so ist zu Anfang des Vorgangs

$$W_a = P + P + Π. \qquad \qquad \text{(1)}$$

Am Ende des Vorganges, nach dem Ausgleich der Elektrizität, bleibt das Potential 1) unverändert; an Stelle von 2) und 3) treten bezw. die Potentiale

2*) des nach A übergegangenen — $\frac{1}{2}$ E auf sich selbst,

3*) des nach A übergegangenen — $\frac{1}{2}$ E und des ruhenden $+$ $\frac{1}{2}$ E aufeinander.

Es ist aber das Potential unter 2*) gleich dem unter 2) und das unter 3*) entgegengesetzt gleich dem unter 3). Ferner muss das Potential der nach dem Ausgleich auf A befindlichen Elektrizität gegen sich selbst gleich Null sein. Bezeichnet man es mit W*, so erhält man als notwendige Bedingung der Neutralisation

$$W^* = P + P - Π = 0. \qquad \qquad \text{(2)}$$

Von Helmholtz setzt nun P $= \frac{1}{4}$ W_a $[1(\varkappa)]$; folglich muss am Ende des Vorgangs das Potential, das das bewegte, übergegangene — $\frac{1}{2}$ E und das ruhende $+$ $\frac{1}{2}$ E auf einander besitzen, d. i. — Π $= - \frac{1}{2}$ W_a sein.

Dieser Wert findet sich in seinem Schema nicht; dagegen enthält es ein Potential des bewegten — $\frac{1}{2}$ E gegen das ruhende $+$ $\frac{1}{2}$ E gleich — $\frac{1}{4}$ W_a $[2(\hbar)]$.

Von Helmholtz *zerlegt also thatsächlich das Potential, das das bewegte* — $\frac{1}{2}$ *E und das ruhende* $+$ $\frac{1}{2}$ *E auf einander besitzen, in ein Potential des bewegten* — $\frac{1}{2}$ *E auf das ruhende* $+$, $\frac{1}{2}$ *E und in einen zweiten ihm gleichen Theil.* Letzterer kann, wenn man seine Formeln 1 (3), 2 (3) berücksichtigt, nichts anderes sein als das Potential des ruhenden $+$ $\frac{1}{2}$ E auf das bewegte — $\frac{1}{2}$ E.

Ganz dasselbe gilt selbstverständlich auch für das Potential zwischen dem bewegten $+$ $\frac{1}{2}$ E und dem ruhenden — $\frac{1}{2}$ E, und ebenso auch für die Potentiale zwischen den bewegten und den ruhenden $\frac{1}{2}$ E gleichen Vorzeichens $[1$ (7), 2 $(7)]$; da diese sich von dem vorher genannten nur durch ihr Vorzeichen unterscheiden können.

Für die Berechnung der lebendigen Kraft aber kommen die vollständigen Potentiale zwischen den einzelnen Massen

in Betracht; setzten wir daher letztere in das Potentialschema
ein, so sind die einzelnen darin aufgeführten Potentialwerte
zu verdoppeln und wir erhalten die Summe $-(2\,V + W_a + W_b)$,
die jedenfalls nach den von von Helmholtz für die Potentiale
gewählten Bezeichnungen das Doppelte des richtigen Wertes
ist, gleichgiltig ob das Potential einer Masse auf sich selbst
die Arbeit oder ihrer doppelten Wert bedeuten soll.

Von Helmholtz fährt dann fort: »Um nun statt diese
Potentiale geläufigere Begriffe einzuführen, brauchen wir folgende Betrachtung«.[1]

Dass ihm die Potentiale nicht geläufig waren, zeigt das
Vorstehende allerdings zur Genüge; aber die »folgende Betrachtung«, wobei er die Niveauflächen verwendet, ist ihm,
wie wir sehen werden, ebensowenig geläufig.

»Bezeichnet C_a die lebendige Kraft, welche die
Einheit der positiven Elektrizität gewinnt bei ihrem
Uebergange von der Oberfläche des Leiters A in
unendliche Entfernung, so dass C_a für positive elektrische Ladungen positiv ist, A_a das Potential derselben Elektrizitätsmenge, wenn sie sich in einem
bestimmten Punkte der Oberfläche von A befindet
gegen A, A_b dasselbe gegen B, W_a das Potential
von A auf sich selbst, W_b dasselbe von B, V das
von A auf B, und Q_a die Quantität der Elektrizität
in A, Q_b in B: so ist die lebendige Kraft, welche
das elektrische Teilchen e bei seinem Übergange
aus unendlicher Entfernung auf die Oberfläche von
A gewinnt:

$$- e\,C_a = e\,(A_a + A_b)\text{«}[2] \quad \cdots \qquad \text{(a)}$$

Durch Summation aller zu den einzelnen e gehörigen
Potentialwerte erhält er hieraus für den Leiter A

$$- Q_a\,C_a = V + W_a\,; \qquad \qquad \text{(b)}$$

für den Leiter B

$$- Q_b\,C_b = V + W_b, \quad \cdots \cdots \cdots \text{(c)}$$

und indem er die Quantitäten positiver bezw. negativer

---

[1] S. 43, Z. 17 v. o. ff.
[2] S. 44, Z. 8 v. o. ff.

Elektrizität, die die Leiter enthalten, unter sich gleich setzt, die Quantität der Spannkräfte gleich

$$-\left(V + \frac{W_a + W_b}{2}\right) = Q\left(\frac{C_a - C_b}{2}\right)[1] .\qquad \text{(d)}$$

C_b soll nun negativ und somit die Differenz $C_a - C_b$ gleich ihrer absoluten Summe sein.

Hierin fällt sofort ein Vorzeichenfehler auf.

Die linke Seite der Gleichung (d) ist durch Addition der rechten Seiten der Gleichungen (b) und (c) und Multiplikation mit — $\frac{1}{2}$ entstanden; also muss die rechte Seite der Gleichung (d) in derselben Weise aus den linken Seiten von (b) und (c) gebildet werden.

Es ist aber, wenn $Q_a = Q_b = Q$ gesetzt wird,

$$-\tfrac{1}{2}\left(-QC_a - QC_b\right) = -\tfrac{1}{2}\left(2V + W_a + W_b\right),$$

oder

$$-\left(V + \frac{W_a + W_b}{2}\right) = Q\left(\frac{C_a + C_b}{2}\right);\qquad \text{(d*)}$$

wogegen in der Gleichung (d) von von Helmholtz rechts die Differenz $C_a - C_b$ steht. Da nun C_b negativ sein soll, so kommt auf die rechte Seite der berichtigten Gleichung (d) die Differenz $C_a - C_b$ und nicht, wie er will, die absolute Summe zu stehen.

Ferner definiert von Helmholtz, wie wir oben lasen, C_a als »die lebendige Kraft, welche die Einheit der positiven Elektrizität gewinnt bei ihrem Uebergange von der Oberfläche des Leiters A in unendliche Entfernung«, und setzt es positiv; hiernach ist C_b, das er nicht definiert, die lebendige Kraft, die die Einheit der negativen Elektrizität gewinnt bei ihrem Uebergange von dem negativ geladenen Körper B in unendliche Entfernung. Diese darf aber nicht negativ angenommen werden, wenn C_a positiv gesetzt wird; denn sonst müsste auch das Potential W_b des negativen Körpers B auf sich selbst [Gleichung (c)] das entgegengesetzte Vorzeichen erhalten, wie das Potential W_a des positiven Körpers A auf sich selbst [Gleichung (b)]; während doch die Potentiale einer positiven und einer negativen Elektrizitätsmenge auf sich selbst dasselbe Vorzeichen haben müssen.

---

[1]) S. 45, Z. 10 v. o.

Ueberdies finden wir in (b) und (c) wiederum das Potential V doppelt angeführt, und wie Gleichung (d) zeigt, wirklich doppelt angerechnet, was uns nach den früheren Erfahrungen nicht mehr wundern kann.

Die Gleichung (d) wendet von Helmholtz auf die Entladung der Leydener Flasche an, wobei er $C_b = 0$ setzt, sodass der Zeichenfehler und die doppelte Anrechnung des Potentials V nicht zur Geltung kommen, was aber doch keine Entschuldigung für die prinzipiell verworrene Ableitung der Gleichung sein kann.

Eine Bestätigung der Erhaltung der Energie konnte diese Anwendung wegen der Unzulänglichkeit des experimentellen Materials nicht geben, sondern sie konnte nur als ein Versuch gelten, durch das bereits als feststehend angesehene Prinzip die Auffassung des einzelnen Vorganges zu bestimmen.

Schliesslich sei noch hervorgehoben, dass von Helmholtz elektrische Fluida annimmt, einfach, weil sie für die mathematische Theorie der Elektrizität brauchbar sind; obwohl er sich so entschieden für die mechanische Auffassung der Wärme aussprach. Weil sich durch Reibung ein und desselben Körpers unbegrenzte Mengen Wärme erzeugen lassen, schliesst er, die Wärme müsse eine Bewegung sein. Ebenso lassen sich aber auch durch Reibung ein und desselben Körpers unbegrenzte Elektrizitätsmengen erhalten, indem man dem geriebenen Körper die Elektrizität entzieht und ihn wieder elektrisirt. Doch das beachtet von Helmholtz weiter nicht, weil sich mit den elektrischen Fluida rechnen lässt. Für von Helmholtz war überhaupt die Wahrheit oder Wahrscheinlichkeit einer allgemeinen Hypothese erwiesen, wenn sie eine brauchbare Grundlage für die Berechnung der Naturvorgänge giebt: eine sehr seichte Naturauffassung. Denn es lassen sich ganz methaphysische Voraussetzungen aufstellen, die doch zur Ableitung der analytischen Formeln sehr geeignet sind: es ist eben zu beachten, dass die analytische Darstellung eines Naturvorganges nicht immer und nicht in ihrem ganzen Verlaufe dessen getreues Spiegelbild zu sein braucht.

Als Nothbehelf wird ja eine unphysikalische selbst unlogische Voraussetzung der Rechnung unter Umständen angenommen werden müssen; doch bleibt es höchst gefährlich. Denn sie wird, wenn sie sich bewährt, unvermerkt das Ansehen einer realen Thatsache gewinnen, und an ihre logische und physikalische Prüfung wird nicht weiter gedacht. Die Fernkräfte waren früher dafür ein recht auffallendes Beispiel; jetzt allerdings beginnt man ihren Widersinn zu erkennen.

Robert Mayer dagegen verwirft ausdrücklich die elektrischen Fluida; er war denn doch ein zu klarer Geist, um die Materialität der Wärme zu leugnen und die der Elektrizität anzunehmen.[1]

Die Annahme magnetischer Fluida war noch eher berechtigt, als die der elektrischen; da sich der Magnetismus von dem magnetischen Körper nicht ableiten und folglich nicht mittels desselben in unbegrenzten Mengen erzeugen lässt.

Ziehen wir nun das Resultat des elektrischen Kapitels, so ist es folgendes: Höchst verworrene Potentialbestimmungen werden auf einen Fall angewendet, für dessen Prüfung alle Vorbedingungen fehlen; eine tiefere originale Auffassung der Elektrizität wird vollständig vermisst.

Hiernach folgt in der Abhandlung von von Helmholtz der Galvanismus; es scheint jedoch zweckmässig, zunächst den Magnetismus und Elektromagnetismus anzuschliessen, für die er ebenfalls Potentiale aufstellt.

———

[1] M. vergl. Organische Bewegung S. 71—74.

Kraftäquivalent des Magnetismus und Elektromagnetismus. [1])

Magnetisierung eines Eisenstückes durch einen unveränderlichen Stahlmagnet. — Elektromagnetische Potentialbestimmungen. — Rückblick.

Von Helmholtz setzt bei seinen magnetischen Potentialbestimmungen vollkommen weiches Eisen und unveränderliche
Stahlmagnete voraus, und entnimmt ohne weitere Begründung
aus dem elektrostatischen Kapitel seiner Abhandlung die
Formel

$$V + \tfrac{1}{2} \; (W_a + W_b) \; . \quad . \qquad (a)$$

Die verworrene und fehlerhafte Ableitung, die er dort
für letztere gab, suchte er gegen die Einwendungen von
Clausius durch das Vorgeben zu rechtfertigen, diese Ableitung gelte nur für die besonderen von ihm angenommenen
Bedingungen, wodurch ein Fall von Elektrizitäts-Bewegung
»mit Verteilungsänderung auf einen ohne Verteilungsänderung zurückgeführt« werde. Wie wir aber sahen, war
seine angebliche Rechtfertigung nichts als eine leere Ausflucht. Wer daran noch zweifeln wollte, kann sich hier
nochmals von der Berechtigung dieses Vorwurfes überzeugen·
Denn bei der von von Helmholtz betrachteten Magnetisierung
eines weichen Eisenstückes durch einen Stahlmagnet und der
Annäherung beider Körper bis zur vollständigen gegenseitigen
Bindung ihrer Magnetismen findet doch »Verteilungsänderung«
statt. Also seine Erwiderung gegen Clausius war eine leere
Ausflucht. Wer aber trotz alledem das nicht wollte gelten

---

[1]) S. 58—65.

lassen, müsste annehmen, unser Autor habe Potentiale, die
er seiner eigenen Angabe nach nur unter ganz besonderen
Voraussetzungen aufstellte, plötzlich allgemein angewendet.
Jedenfalls also steht fest, von Helmholtz führt für seine
Potentiale nichts an, was als eine Begründung derselben
angenommen werden könnte. An die Stelle kritischer Er-
örterung der Fundamentalbestimmungen hat er ein blosses
Herumraten gesetzt.

Wie für die Bewegung der Elektrizität stellt von Helmholtz auch für die des Magnetismus Gleichungen zwischen
den lebendigen Kräften und der Arbeit auf; doch sind auch
hier wiederum gegen seine Schlussfolgerungen wesentliche
Einwendungen zu erheben.

Er findet

»den Gewinn C an lebendiger Kraft für die Einheit
der Quantität des als positiv bezeichneten Magnetismus bei dem Uebergange von der Oberfläche
des Eisens in unendliche Entfernung gegeben durch
die Gleichung

$$- QC = V + W_a.«$$. (b)

Da nun jeder Magnet soviel nördlichen wie südlichen
Magnetismus enthält, so soll Q in jedem gleich Null sein
und für ein Eisen- oder Stahlstück, dessen Magnetismus vollständig durch den Magneten B gebunden wird, soll folglich

$$V = - W_a$$ . . (c)

sein.[1])

Wir wollen davon absehen, dass die von von Helmholtz
geforderte vollständige Bindung der Magnetismen durch gegenseitige Annäherung der Körper unmöglich ist, indem sich die
Körper dazu gegenseitig durchdringen müssten, was auch als
Grenzfall nicht angenommen werden darf, und nur Folgendes
hervorheben.

1. Da eine ebensolche Gleichung wie (b) auch für den
negativen Magnetismus aufzustellen wäre, so begegnen wir
auch hier wiederum wie in der Elektrostatik der falschen
Verdoppelung des Potentials V.

[1]) S. 60, 3).

2. Für die Einheit des auf dem Eisenstück A vorhandenen positiven Magnetismus bezeichne

V' das Potential auf den Stahlmagnet B,

U' das Potential auf den negativen Magnetismus von A,

W' das Potential auf den positiven Magnetismus von A;

so ist unter den allgemeinen Voraussetzungen von von Helmholtz der Gewinn an lebendiger Kraft für die Einheit des positiven Magnetismus, wenn sie von der Oberfläche des Körpers A in unendliche Entfernung übergeht, gegeben durch die Summe

$$V' + U' + W', \qquad (1)$$

die von Null verschieden ist.

Bezeichnen ferner V'', U'', W'' die analogen Potentiale für die Einheit des auf A enthaltenen negativen Magnetismus, so ist für dieselbe der entsprechende Gewinn an lebendiger Kraft gleich der Summe

$$V'' + U'' + W''. \qquad (2)$$

In dem vorliegenden Falle ist nun jedenfalls absolut genommen

$$V' = V'', \ U' = U'', \ W' = W''; \qquad (3)$$

aber nach den Gesetzen der Potentialtheorie hat offenbar auch das Potential V' dasselbe Vorzeichen wie V'', und ebenso stimmen danach U' und U'', W' und W'' in Bezug auf ihre Vorzeichen überein: folglich gelten die Gleichungen (3) auch mit Berücksichtigung des Vorzeichens, und die Addition der Summen (1) und (2) kann somit nicht Null ergeben.

Hiernach scheint es nicht notwentig auf die weiteren Folgerungen einzugehen, die von Helmholtz aus seinen vorstehend erörterten Potentialbestimmungen zieht.

Bei seiner Aufstellung der elektromagnetischen Potentiale hat er, wie bekannt, die Aenderungen der Potentiale, die die wirkenden Körper auf sich selbst besitzen, nicht berücksichtigt.

Erinnern wir uns nun an die Einwendungen, die oben gegen seine elektrostatischen Potentiale zu erheben waren, so müssen wir sagen:

von Helmholtz giebt in seiner Abhandlung »Ueber die Erhaltung der Kraft« auch nicht eine einzige reinliche Potentialbestimmung.

Galvanismus.[1]

Die Stromenergie fordert ein Aequivalent, das, nach
Ausschluss anderer, nur durch die chemischen Vorgänge ge-
liefert werden kann; die sogenannte Kontaktkraft kann nur
das elektrische Gleichgewicht herstellen, und ist daher auf
die Stellen zu beschränken, wo Leiter erster Klasse einander
berühren.

Diese durch die Erhaltung der Energie gegebene Bedingung setzt von Helmholtz richtig auseinander.

Für die vermeintliche Kontaktkraft giebt er dann folgende Erklärung, die auch jetzt noch vielfach als richtig gilt.

»Es lassen sich nämlich offenbar alle Erscheinungen
in Leitern erster Klasse herleiten aus der Annahme,
dass die verschiedenen chemischen Stoffe verschiedene
Anziehungskräfte haben gegen die beiden Elektrizitäten.
und dass diese Anziehungskräfte nur in unmittelbar
kleinen Entfernungen wirken, während die Elektrizitäten auf einander es auch in grösseren thun.
Die Kontaktkraft würde demnach in der Differenz
der Anziehungskräfte bestehen, welche die der Be-
rührungsstelle zunächst liegenden Metallteilchen auf
die Elektrizitäten dieser Stelle ausüben, und das elektrische Gleichgewicht eintreten, wenn ein elektrisches
Teilchen, welches von dem einen zum anderen über-

---

[1] S. 46—58.

geht, nichts mehr an lebendiger Kraft verliert oder gewinnt.«[1])

Diese Annahme ist aber doch nicht so einleuchtend wie von Helmholtz glaubt.

Er hatte sich die Aufgabe gestellt, sämtliche Naturerscheinungen auf Centralkräfte zurückzuführen; somit war er zu dem Nachweis verpflichtet, dass die Kräfte, die er hier einführt, sich als Centralkräfte darstellen lassen. Doch darüber schweigt er vollständig; also auch hier wiederum soll eine Hypothese eingeschwärzt werden. Wir wollen sehen, ob sie zuzulassen ist.

Bei der Annahme der Kontaktkraft wird vorausgesetzt, dass jedes Metall in neutralem Zustande gleich viel positive und negative Elektrizität enthält. Berühren sich zwei Metalle, so soll das eine die positive, das andere die negative Elektrizität auf sich herüberziehen, bis zwischen den elektrischen Kräften und denen der Massenelemente gegen die Elektrizitäten Gleichgewicht eingetreten ist.

Wenn auf diese Weise eine elektrische Ladung der beiden Metalle zu Stande kommen soll, muss die Kontaktkraft, wie es auch geschieht, jedenfalls so verstanden werden, dass ein und dasselbe Metall die beiden Elektrizitäten, absolut genommen, ungleich stark anzieht, und nicht etwa so, dass das eine Metall beide Elektrizitäten zwar mehr oder weniger als ein anderes Metall, aber, dem absoluten Betrage der Kraft nach, gleich stark anzieht, weil sonst eine elektrische Ladung nicht zu Stande käme.

Denn berühren sich z. B. Zink und Kupfer, so wird Zink positiv und Kupfer negativ. Würde nun Zink beide Elektrizitäten mit gleicher absoluter Kraft und z. B. stärker als Kupfer anziehen, so würde es dem Kupfer gleichviel positive und negative Elektrizität entziehen und neutral bleiben.

Des Folgenden wegen schien es mir zweckmässig, diesen Punkt ausdrücklich hervorzuheben.

Wenn nun aber ein Metall eine ihrem absoluten Betrage nach ungleiche Anziehung auf die beiden Elektrizitäten äusseren soll, so müsste es eine solche auch auf die beiden

---

[1]) S. 48, Z. 14 v. o. ff.

Elektrizitäten äusseren, die es selbst in neutralem Zustande enthält. Denn die Annahme, dass das Zink z. B. die positive und die negative Elektrizität anderer Metalle ungleich anzieht, nicht aber die eigene, wäre sinnlos.

Hieraus folgt jedoch, wie sich zeigen lässt, dass jedes Metall sich für sich selbst, ohne Berührung mit einem anderen, laden müsste.

Bezeichnet e ein positiv elektrisches, m ein Massenelement, r den Abstand beider, c eine Konstante, so würde die Anziehungskraft zwischen beiden, als Centralkraft aufgefasst, die Form

$$c. \frac{e. m}{r^n}, \qquad . \ (1)$$

haben, worin n eine sehr grosse positive Zahl sein müsste; da die Kraft nur auf unmessbar kleine Entfernungen wirken könnte.

Die Anziehnngskraft zwischen sämtlichen Massenelementen eines Metallstückes und einer endlichen positiven Elektrizitätsmenge E würde man hieraus erhalten, indem man jedes m mit sämtlichen e kombiniert, jede Kombination durch das dazu gehörige r^n dividiert, und sämtliche Kombinationen summiert. Wir wollen die so erhaltene Summe durch den Ausdruck

$$c \sum \frac{e \ m}{r^n} \qquad (2)$$

darstellen.

Hierin sind drei Gruppen von Gliedern zu unterscheiden.

1) Die Glieder, worin r^n eine gewisse obere Grenze k überschreitet, so dass ihre Summe verschwindend klein ist. Dieser Fall kann z. B. eintreten für die Anziehungen zwischen den auf der Oberfläche des Metallstücks befindlichen elektrischen Elementen e und den Massenelementen m in seinem Inneren, oder für die e und die m, die an der Oberfläche in einem gewissen Abstande von einander liegen.

2) Die Glieder, worin $r^n < k$ aber endlich bleibt.

3) Die Glieder, worin r^n unendlich klein wird.

Die Summen der unter 1) und 2) genannten Glieder ergeben, addiert, eine bestimmte Grösse, zweifelhaft dagegen ist das Verhalten der dritten Gruppe.

In der Potentialtheorie wird allerdings gezeigt, dass das Potential endlich bleibt, wenn ein angezogener Punkt in der anziehenden Masse liegt; aber der dort angewendete Beweis verliert hier seine Kraft, da $n > 2$ anzunehmen wäre·

Wird aber die Summe der in 3) angeführten Glieder unendlich gross, so ist das ein wesentlicher Einwand gegen die angenommene Anziehungskraft. Diese kann jedoch auch dann nicht bestehen, wenn hiervon abgesehen wird; es werde also angenommen, dass die Summe (2) einen bestimmten Wert hat.

Die Anziehungskraft der Metallmasse gegen die auf ihr befindliche negative Elektrizität würde ebenfalls der Form (2) entsprechen; nur wäre sie mit dem entgegengesetzten Vorzeichen zu versehen, und der konstante Faktor müsste einen anderen Wert erhalten; da das Metall die beiden Elektrizitäten verschieden anziehen soll.

Ist nun das Metall elektrisch neutral, so ist auf jedem seiner Massenelemente gleichviel positive und negative Elektrizität vorhanden; wir erhalten somit unter dieser Voraussetzung für die Anziehung zwischen der Masse und der negativen Elektrizität, vom Vorzeichen abgesehen, genau dieselben einzelnen Quotienten wie in (2), multipliziert mit einer neuen Konstanten c′.

Die gesamte Anziehung der elektrisch neutralen Masse gegen die auf ihr enthaltene positive und negative Elektrizität erhielte demnach den Ausdruck

$$(c - c') \sum \frac{m\,e}{r^n};$$

d. h. es wäre in dem neutralen Körper eine Kraft zwischen den Massenelementen und deren positiver oder negativer Elektrizität wirksam, je nachdem $(c - c') \gtrless 0$ ist. Folglich müsste auf der Masse eine elektrische Bewegung stattfinden, wodurch beide Elektrizitäten ungleich verteilt werden, und der Körper sich ladet.

Wollte man der Allgemeinheit wegen annehmen, dass die Anziehung der Massenelemente auf die negative Elektrizität den Nenner r^m hat, wobei $m \gtrless n$ sein kann, so erhielte man statt der vorstehenden die Formel

$$c \sum \frac{m\,e}{r^n} - c' \sum \frac{m\,e}{r^m} = \sum m\,e\left(\frac{c}{r^n} - \frac{c'}{r^m}\right);$$

da die einzelnen m e für beide Elektrizitäten, absolut genommen, gleich sein müssten.

Die in den ( ) stehende Differenz ist aber von Null verschieden, und folglich gilt derselbe Schluss wie vorhin.

Die Annahme einer als Centralkraft gedachten Anziehung zwischen Masse und Elektrizität ist also ganz unhaltbar.

Man könnte nun, um der vorstehenden Folgerung zu entgehen, besondere Bedingungen für die angenommene Anziehung aufzustellen suchen. Man könnte z. B. annehmen wollen, dass sie erst bei der Berührung verschiedenartiger Metalle wirkt u. A. m. Aber alle solche Auswege kommen doch darauf hinaus, dass man die angebliche Anziehung nicht nur von der Entfernung, sondern auch noch von anderen Bedingungen abhängen lässt, wodurch sie authören, Centralkräfte zu sein.

Die Behauptungen, die von Helmholtz aufstellt, sind, kurz wiederholt, die folgenden:

1. Sämtliche Kräfte sind Centralkräfte.

2. Jeder Körper enthält in elektrisch neutralem Zustande gleich viel, in gleicher Weise verteilte, positive und negative Elektrizität.

3. Jedes Metall besitzt gegen die entgegengesetzten Elektrizitäten ihrem absoluten Werte nach verschieden grosse Anziehungskräfte.

Unter diesen Voraussetzungen ergeben sich aber die obigen Einwendungen mit Notwendigkeit.

Man wird daher die elektrische Differenz zwischen den sich berührenden Metallen als die Wirkung molekularer lebendiger Kräfte auffassen müssen.

Nach der Erörterung der Kontaktkraft betrachtet von Helmholtz die galvanischen Ketten ohne Polarisation.

Für dieselben reproduziert er zuerst die Gesetze von Ohm und Lenz und vergleicht dann die Stromwärme mit der chemischen.

Es sei A die elektromotorische Kraft eines Elementes der Kette, n die Anzahl der Elemente. J die Stromstärke,

die in der Zeiteinheit ein Aequivalent Wasser zersetze, W der
Widerstand, t die Zeitdauer des Stromes, so ist

$$J^2 Wt = n A J t.$$

Ist ferner $(a_z - a_c)$ die Differenz der chemischen
Wärmen für ein Aequivalent des positiven und des negativen
Metalls, so wird die chemische Wärme gleich

$$n J t (a_z - a_c).$$

»Die chemische *würde* also der elektrischen gleich
sein, *wenn*

$$A = a_z - a_c,$$

d. h. *wenn* die elektromotorischen Kräfte zweier so
kombinierten Metalle dem Unterschied der bei ihrer
Verbrennung und Verbindung mit Säuren zu ent-
wickelnden Wärme proportional *wären*.«[1]

Gegen diese hypothetische Gleichsetzung beider Wärmegrössen wäre ja nichts einzuwenden. Bestimmteres konnte
von Helmholtz damals nicht angeben. Aber es berührt
doch höchst seltsam, dass sich die hypothetische Annahme
drei Seiten später in ein apodiktisches Urteil verwandelt hat.
Denn daselbst lesen wir:

»Die durch den Strom erzeugte Wärme *muss*
gleich sein der durch den chemischen Prozess zu erzeugenden.«[2]

Diese Vertauschung der Mutmassung mit der Gewissheit, ohne dass irgend welche neue Thatsachen hinzukommen,
die sie rechtfertigen könnten, ist für unseren Autor sehr
charakteristisch.

Die Ketten mit Polarisation teilt von Helmholtz in
solche ein,

»welche blos Polarisation und keine chemische Zersetzung hervorbringen, und solche, welche beides
bewirken«.

Die angebliche Polarisation ohne chemische Zersetzung
hält er für eine »Herstellung des elektrischen Gleichgewichtes
der Flüssigkeitsteilchen mit den Metallen«.[3]

---

[1] S. 50, Z. 3 v. u. ff.
[2] S. 53, vorletzte Z.
[3] S. 52, Z. 12 v. u. ff. m. vergl. auch S. 56, Z. 16 v. u. ff.

Diese Annahme einer galvanischen Polarisation ohne chemische Zersetzung ist zweifellos grundfalsch; von Helmholtz hat sich jedoch auch in späterer Zeit nicht von ihr frei gemacht, indem er ein Voltameter, das durch einen Strom mit schwacher elektromotorischer Kraft polarisiert ist, als einen Kondensator auffassen wollte.[1]

Zwischen einem Voltameter und einem Kondensator besteht aber ein fundamentaler Unterschied. Durch Einschaltung eines Kondensators wird der Widerstand in einem Stromkreise unendlich, während die Potentialdifferenz der Kette ungeändert bleibt. Dagegen wird durch ein polarisiertes Voltameter eben diese Potentialdifferenz verringert.

Die weitere Untersuchung dieser Frage würde zu weit in das Gebiet der Stromtheorie führen und muss daher hier unterbleiben.

Thermoelektrische Ströme.[2] — Von Helmholtz erkennt, was kaum zu verfehlen war, dass die Thermoströme in naher Beziehung zu dem Peltier'schen Phänomen stehen; aber die Formel, die er für sie aufstellt, bewährt sich nicht.

In einem Strome von der Intensität I, in dessen Leitungsdraht ein Stück eines anderen Metalles eingelötet ist, seien in den Lötstellen q' und q'' die entwickelten bezw. verbrauchten Wärmemengen; t' und t'' die Temperaturen, die von einem willkürlichen Nullpunkte gerechnet werden; — $B_{t'}$ und $B_{t''}$ die elektromotorischen Kräfte, so soll nach von Helmholtz

$$(B_{t'} - B_{t''})\, J = q' - q'' \ [3]$$

sein, und diese Formel nimmt er auch für die Thermoströme an, worin q' und q'' die von aussen zugeführten bezw. entzogenen Wärmemengen bezeichnen würden.

Setzt man aber $q' = q''$, so wäre die linke Seite dieser Gleichung Null; es wäre also keine thermoelektrische Kraft vorhanden, wenn in der einen Lötstelle ebensoviel Wärme verbraucht wie in der anderen gewonnen würde.

---

[1] M. vergl. seine Abhdl. »Ueber die Polarisation in gasfreien Flüssigkeiten«, Pogg. Ann. 150, S. 483—495.

[2] S. 57 u. 58.

[3] S. 58.

Dieser Fehler entsteht dadurch, dass die elektromotorischen Kräfte $B_{t'}$ und $B_{t''}$ mit entgegengesetzten Zeichen eingeführt sind. Allerdings ist die elektromotorische Kraft in der kalten Lötstelle an sich derjenigen in der warmen Lötstelle entgegengesetzt; aber beide sind in den Strom in entgegengesetztem Sinne eingeschaltet, und müssen somit gleiche Vorzeichen erhalten.

Ferner verschliesst sich von Helmholtz den Weg zu einer richtigen Erörterung der Thermoströme, indem er auch hier nicht die Möglichkeit erwägt, dass ein Teil der Wärme unverwandelt bleibt. Er setzt vielmehr die Stromwärme ohne weiteres gleich der chemischen,[1] und nimmt an, dass die elektromotorischen Kräfte $B_{t'}$, $B_{t''}$, die in einem Hydrostrome in Folge des Peltier'schen Phänomens entstehen, in gleicher Stärke erhalten werden, wenn in einem Thermostrome von derselben Intensität derselben Lötstelle die Wärmemengen q', q'' von aussen zugeführt bezw. entzogen werden.

Um aber in beiden Fällen dieselben elektromotorischen Kräfte zu erhalten, müssten die Temperaturen (t', t''), und somit auch die Wärmemengen (q', q'') in dem Thermostrome andere Werte haben als bei dem Peltier'schen Phänomen. Denn die in dem Thermostrome den Lötstellen von aussen zugeführten und entzogenen Wärmemengen sind nicht vollständig verwandelbar; dagegen sind bei dem Peltier'schen Phänomene die in den Lötstellen entwickelten und verbrauchten Wärmemengen Teile der Stromarbeit, und die nicht verwandelbare Wärme besteht in diesem Falle in der Differenz zwischen der chemischen und der Stromwärme.

Von Helmholtz schreibt in seiner »Erwiderung auf die Bemerkungen von Hrn. Clausius« selbstbewusst: »In der Theorie des Galvanismus muss ich die Einwürfe von Clausius erwarten«.[2]

Nun, Einwürfe sind genug dagegen zu erheben: die von ihm angenommenen Anziehungen zwischen Elektrizitäten und

[1] S. 57, Z. 5 v. u. ff.
[2] S. 90, Z. 14 v. o. ff.

Massen widersprechenden Centralkräften, worauf er doch alle Kräfte zurückführen wollte, seine Vorstellungen über die galvanische Polarisation sind thatsächlich falsch, und ebenso die Gleichsetzung der chemischen Wärme mit der Strom-arbeit, und die Formel für Thermoströme.

Man muss also sagen: nichts von seinen galvanischen Theorien hat Bestand, und da er auch neue experimentelle Thatsachen nicht anzugeben weiss, so beschränken sich seine Leistungen im »Galvanismus« auf einige missglückte Hypothesen.

Schlusswort.

Von Helmholtz unternahm es, die Erhaltung der Energie in allen Gebieten der Physik mathematisch darzuzustellen. Diese Aufgabe zerfiel naturgemäss in zwei Teile. Der eine umfasste die Gebiete, worin die Potentialtheorie bereits eingeführt war, d. i. Mechanik, Elektrizität, Magnetismus und Elektromagnetismus; der andere Wärme und Galvanismus. Wir wollen nun einen kurzen Rückblick auf seine oben erörterten Leistungen in diesen Gebieten werfen.

In der Mechanik führt er die Arbeit in den Satz von der Erhaltung der lebendigen Kraft ein; aber seine Darstellung ist mathematisch ganz ungenügend.

In der Elektrostatik und im Magnetismus waren klar durchgeführte Potentialbestimmungen von typischer Bedeutung für das neue Prinzip zu verlangen. Doch von Helmholtz selbst weiss in seinem Streite mit Clausius seine elektrostatischen Potentialbestimmungen nur dadurch zu verteidigen, dass er behauptet, sie seien nur für einen ganz besonderen Fall aufgestellt.

Welche Armut verrät es aber, zum Fundament der Wissenschaft statt des allgemeinen Gesetzes, das den einzelnen Fall in sich schliesst, einen ganz speziellen Ausdruck desselben zu wählen. Und wie wir sahen ist auch der nicht einmal richtig abgeleitet.

Seine elektrostatischen Potentialbestimmungen überträgt er dann auf den Magnetismus und giebt ihnen daselbst ohne weitere Begründung eine viel allgemeinere Geltung als sie seinen eigenen Angaben nach haben sollen, wozu noch wesentliche Fehler durch falsche Bestimmung der Vorzeichen hinzukommen.

Bei der Darstellung der elektromagnetischen Vorgänge lässt er wesentliche Potentiale ganz unberücksichtigt.

Den ersten Teil seiner Aufgaben hat er also jedenfalls sehr ungenügend gelöst.

Um ferner die Erhaltung der Energie auf die Wärmeerscheinungen anzuwenden, nimmt von Helmholtz nicht nur an, dass die Wärme Bewegung sei, sondern auch, dass sie denselben allgemeinen Bedingungen genügt, wie die wahrnehmbaren Bewegungen. Irgend einen Versuch zur Begründung seiner Voraussetzungen macht er nicht, und er vermag auch nicht mittels seiner Hypothesen zu irgend welchen neuen bestimmten Resultaten zu gelangen; sondern er beschränkt sich auf »unbestimmt allgemeine« Aeusserungen.

Das Prinzip der Energieerhaltung hat daher in der Wärmelehre von von Helmholtz nur die Bedeutung einer Hypothese, die derjenigen von der Stofflichkeit der Wärme koordiniert ist, so dass es im Belieben eines jeden stände, je nachdem es ihm zweckmässig scheint, die eine oder die andere vorzuziehen.

Im Galvanismus hatte von Helmholtz eine sehr günstige Gelegenheit, theoretische Initiative zu beweisen: die Gesetze von Ohm und Lenz boten sich ihm als ein völlig vorbereitetes geeignetes Material zur Anwendung der Potentialtheorie dar, und die Beziehungen zwischen chemischer Wärme und Stromarbeit konnten ihn zu der fundamentalen Frage anregen, ob eine Wärmemenge sich vollständig in Arbeit verwandeln lässt. Aber er weiss von dem Allen keinen Gebrauch zu machen, und sieht die Erhaltung der Energie nur in der vermeintlichen Gleichheit von chemischer Wärme und Stromarbeit.

So bleibt denn auch sein »Galvanismus« nur eine Kompilation, die von dem Prinzip der Energieerhaltung nicht durchdrungen wird, sondern im Grunde dagegen indifferent ist.

Den zweiten Teil seiner Aufgabe hat er somit um nichts besser gelöst als den ersten.

Wir müssen also sagen: von Helmholtz hat die Versprechungen, die er am Anfange seiner Abhandlung machte[1])

---

[1]) M. vergl. oben S. 93.

durchaus nicht erfüllt. Er hat die Erhaltung der Energie weder in den damals bekannten Thatsachen als das fundamentale Gesetz nachgewiesen, noch auch auf Grund derselben der experimentellen Forschung einen »Leitfaden an die Hand« gegeben.

Welchen Leitfaden könnte man wohl auch aus seinen unbestimmten Bemerkungen über die Wärme entnehmen? Und in welch eine unfruchtbare Wüste seine galvanischen Vorstellungen führen, das zeigen seine eigenen späteren Untersuchungen.

Ueberhaupt hat er weder damals noch später die Bedeutung des Prinzips von der Erhaltung der Energie wirklich erfasst. Er sieht darin nichts als eine Verallgemeinerung des Satzes von der Erhaltung der lebendigen Kraft [2]); dieser ist aber eine Identität, und um sie auf die verschiedenartigen Naturerscheinungen anwenden zu können, sucht er diese mittels Hypothesen auf gleichartige zurückzuführen, und das Grundprinzip der neueren Physik erscheint somit auch wiederum nur als eine Hypothese.

Gleichwohl soll nicht bestritten werden, dass die Abhandlung »Ueber die Erhaltung der Kraft« zur Zeit ihres Erscheinens anregend wirken konnte, weil sie eine Anzahl wichtiger Probleme berührt. Aber die Behandlung keines einzigen derselben kann einigermassen befriedigen; auch wenn man den Zeitverhältnissen gebührend Rechnung trägt. Stets ist die Kraft von von Helmholtz schon erlahmt, wenn die eigentliche Arbeit erst beginnen müsste.

Ein Vergleich zwischen von Helmholtz und Robert Mayer muss hiernach sehr zu Ungunsten des ersteren ausfallen.

Beide gelangten von der Physiologie aus zu ihren energetischen Untersuchungen.

Aber der Anfang ihrer Wege zeigt sogleich die grössere geistige Ursprünglichkeit Mayer's.

Während dieser nämlich von eigenen Beobachtungen ausging, wurde von Helmholtz durch Liebig's Arbeit

---

[2]) H. v. Helmholtz, Vorträge und Reden, Braunschweig 1884. I S. 67, Z. 13 v. o. ff.

»Ueber die thierische Wärme« angeregt, wie sein »Bericht über die Theorie der physiologischen Wärmeerscheinungen zeigt.

Beide suchen auch das neue Prinzip logisch abzuleiten; aber diese Ableitung ist bei von Helmholtz nur so zu sagen ein Beiwerk; er glaubt, dass sich das Prinzip rein induktiv entwickeln lässt; wogegen Mayer erkennt, dass es eine notwendige Wurzel in der Logik hat. Dieser tieferen Auffassung entsprechend ist Mayer's logische Ableitung, wenn auch hypothetisch, so doch höchst fruchtbar und originell, während von Helmholtz nichts vermag als Gedanken Kant's zu verderben.

Die Ableitung, die dann Mayer für seine »Fallkraft« giebt, kann allerdings nicht befriedigen; indessen ebenso wenig befriedigt die analytische Darstellung der Erhaltung der Energie, durch von Helmholtz, wobei er die Arbeit doppelt berechnet.

Doch welch ein gewaltiger Unterschied ist zwischen den Leistungen beider in der Wärmelehre, dem für das neue Prinzip wichtigsten Gebiete!

Der Abschnitt über die Wärme in Robert Mayer's Abhandlung über »Die organische Bewegung« ist ein monumentales Kunstwerk, das noch heute nichts von seiner Wirkung eingebüsst hat.

Klar hat er das Ziel, seine geniale Bestimmung des mechanischen Wärmeäquivalentes, vor Augen, und mit bewundernswerter logischer Energie schreitet er zu ihm vor.

Ihm bleibt auch die nur unvollständige Verwandelbarkeit der Wärme in Arbeit nicht verborgen.

Von Helmholtz dagegen, in dem »Kraftäquivalent der Wärme«, schwankt zwischen Hypothesen herum: logische Entwickelung fehlt vollständig, und seine Auslassungen könnten ebenso wohl mit dem beginnen, womit er endigt, wie mit dem, womit er anfängt.

In den übrigen Gebieten der Physik tritt von Helmholtz viel gelehrter auf als Robert Mayer; aber der Erfolg seiner Gelehrsamkeit ist gleich Null. Wir erhalten da eine Anzahl prinzipiell falscher Potentialbestimmungen, und unhalt-

barer Vorstellungen: das ist alles. Diese müssen um-
gestossen werden, während die einfachen Umrisse, die
Robert Mayer giebt, sehr wohl ausgefüllt werden können.

Nehmen wir einmal an, Mayer's Abhandlung über
»Die organische Bewegung« und die von von Helmholtz
»Über die Erhaltung der Kraft« kämen auf die Nachwelt,
ohne dass die Zeit ihres Entstehens zu ermitteln wäre.

Aus inneren Gründen könnte man alsdann Mayer's
Abhandlung für die spätere halten.

Man würde ihn für einen sehr genialen Mann erklären,
der in der Physik seine Aufmerksamkeit besonders auf die
Wärmeerscheinungen richtete; weil er deren hervorragende
Wichtigkeit für die Energetik erkannte, und der die noch
unklaren, schwankenden Vorstellungen seines Vorgängers
von Helmholtz meisterhaft vervollkommnet hat, indem er
sich von den veralteten unnützen Hypothesen, womit letzterer
seine Auslassungen belastet hatte, frei machte.

Es ist demnach auch durchaus unberechtigt zu sagen,
von Helmholtz habe die Erhaltung der Energie in die
Wissenschaft eingeführt.

Entdeckt hat er sie nicht, und ebenso wenig das
mechanische Wärmeäquivalent, und seine Versuche, sie in
den einzelnen Gebieten der Physik nachzuweisen, vermochte
er nicht zu klaren, bleibenden Resultaten zu entwickeln. Man
kann nur sagen, von Helmholtz habe die Erhaltung der
Energie als einer der Ersten nach Robert Mayer ausgesprochen, und habe sich bemüht, sie mathematisch zu entwickeln, was wohl zu loben war, wozu aber freilich seine
Kraft nicht ausreichte.

Überdies ist die Methode, wonach er seinen Gegenstand behandelt, eine schablonenhaft konventionelle; er ist
gleichsam ein wissenschaftlicher Manierist.

Auch in seinen späteren Untersuchungen über den
sogenannten zweiten Hauptsatz erweist er sich als ein nach
der Schablone verfahrender Nacharbeiter, wie ich an anderer
Stelle darthun werde.

Robert Mayer dagegen hat, ein zweiter Galilei, die
Methode der Naturforschung geläutert, indem er darauf

drang, Erscheinungen nur durch Erscheinungen zu erklären, und alle sogenannten Erklärungen aus letzten Ursachen, aus dem was hinter den Erscheinungen steht, und ähnliche Schemen, wie sie der Scholastiker von Helmholtz liebte, als untauglich und schädlich entschieden verwarf.

Er hat in seinen eigenen Untersuchungen ein glänzendes Beispiel für die Fruchtbarkeit seiner Methode gegeben, indem er durch sie zu tiefer Einsicht in die Verwandlungen der Kraft gelangte.

Diese hat er in den Gebieten der eigentlichen Physik, in der Physiologie und in der kosmischen Physik in mehr oder weniger ausgeführten Skizzen nachgewiesen, die eine Reihe sehr wertvoller Gedanken enthalten, vor allem aber seine geniale Bestimmung des mechanischen Wärme-äquivalentes, durch die er das Hauptgesetz der mechanischen Wärmetheorie feststellte.

Robert Mayer hat also in Wahrheit das Prinzip von der Erhaltung der Energie nicht nur entdeckt, sondern es auch wissenschaftlich begründet.

Anmerkung
über die analytische Darstellung der Energie.[1]

Da die Arbeit von sogenannten Kräften, die dem Gesetze Newton's folgen, zur Erklärung vieler Erscheinungen,
wie z. B. der chemischen, nicht ausreicht, so hat man in
neuerer Zeit Kräfte einzuführen gesucht, die noch von
anderen Grössen als von Massen und Entfernungen abhängen, und man will die Berechtigung hierzu erweisen,
indem man anführt, dass das Prinzip der Erhaltung der
Energie nur die Darstellung der Energie durch vollständige
Differentiale bedingt, ohne vorzuschreiben, von welchen Veränderlichen letztere abhängen sollen.

Das ist richtig, wenn die Betrachtung auf Körpersysteme beschränkt wird, worin nur Aenderungen einer
Energieform vorkommen. Sobald man aber die Tragweite
von Robert Mayer's Prinzip der Kraftverwandlung genügend
berücksichtigt, zeigt sich, dass dadurch die analytische
Darstellung der Energie vollständig bestimmt wird.

Es bezeichne W eine mechanische Energie, die durch
eine Funktion F der Massenpunkte m_1, m_2 . . . . . m_n und
deren auf ein festes rechtwinkliges System bezogene Koor-
dinaten x_1, y_1, z_1; x_2, y_2, z_2; . . . x_n, y_n, z_n dargestellt
sei, so dass

$$W = F (m_1, m_2, \ldots m_n; x_1, y_1, z_1; x_2, y_2, z_2; \ldots x_n, y_n, z_n)$$

ist.

Ferner bezeichne Q irgend eine nicht mechanische
Energieform, die durch eine Funktion Φ gewisser Veränderlicher v, w, . . . n gegeben sei, so dass

---

[1] m. vergl. meine Abhd. in Elektrochem. Zeitschrft. 1897, 11, S. 239.

$$Q = \Phi \, (v, w, \ldots n)$$

ist. Sind dann Φ_1 und Φ_2 zwei bestimmte Werte von Φ, so lassen sich zufolge der Aequivalenz aller Energieformen auch zwei Werte F_1, F_2 bestimmen, so dass, wenn c eine Konstante bedeutet,

$$F_2 - F_1 = c \, (\Phi_2 - \Phi_1)$$

ist. Demnach ist

$$F_2 - c \, \Phi_2 = F_1 - c \, \Phi_1,$$

oder bei geeigneter Wahl der Einheiten

$$F_2 - \Phi_2 = F_1 - \Phi_1.$$

Da aber diese Gleichung für ganz beliebige F_2 und Φ_2 gilt, so ist allgemein

$$F = \Phi + \text{Const.}$$

Folglich sind auch die Ableitungen und Differentiale der Funktionen F und Φ einander gleich, und beide Funktionen hängen somit von denselben Veränderlichen ab, und sind überhaupt bis auf eine Konstante einander gleich. Letztere aber fällt bei den Aenderungen der Funktionen zwischen bestimmten Grenzen, die, wie in der vorstehenden Abhandlung (S. 22, Z. 10 v. u. ff.) gezeigt wurde, streng genommen erst die wirkliche Energie darstellen, fort.

Also sind *sämtliche Energieformen und ebenso die Kräfte sämtlicher Energieformen durch dieselben Funktionen darzustellen wie die mechanische Energie und die mechanischen Kräfte.*

Das Verhalten von Hermann von Helmholtz gegen Robert Mayer.

— — — —

Von Helmholtz erwähnt bekanntlich in seiner Abhandlung über die Erhaltung der Kraft Robert Mayer nicht, und es ist ihm daher vorgeworfen worden, hierdurch eine Entlehnung aus dessen Schriften verdecken und sich eine ihm nicht zukommende Priorität anmassen zu wollen. Gegen diesen Vorwurf hat er sich am ausführlichsten in seinem Aufsatze über Robert Mayer's Priorität verteidigt, der als »Anhang« der zweiten Ausgabe seines Vortrages »Ueber die Wechselwirkung der Naturkräfte u. s. w.« beigegeben ist.[1]) Hierin hebt er hervor, dass Mayer's Schriften ihrer Natur nach nicht schnell bekannt werden konnten und fährt dann fort:

»Alle anderen Autoren über den Gegenstand, soweit sie mir bekannt waren, hatte ich genannt. Unter diesen war Joule, dem gegenüber ich selbst für die Idee des Wärmeäquivalents auch nicht den geringsten Schein eines Prioritätsrechts hätte in Anspruch nehmen können, was ich natürlich auch nie mit einem Worte oder einer Andeutung gethan habe. In den Augen meiner Gegner half es mir dann auch nichts, dass ich später, nachdem ich R. Mayer's Schriften kennen gelernt hatte, und lange, ehe meine Gegner von ihm etwas wussten, über die Entdeckung des Gesetzes von der Erhaltung der Kraft niemals gesprochen habe, ohne ihn in

---

[1]) Von Helmholtz. Vorträge und Reden. S. 60—74.

erster Linie zu nennen, wie man in den hierauf folgenden Vorträgen von 1862 und 1869 wieder finden wird, und dass ich wahrscheinlich der Erste in Deutschland gewesen bin, der sich bemüht hat, die Aufmerksamkeit des wissenschaftlichen Publikums auf ihn hinzulenken.

Herr Dühring hat es nie nötig gefunden, diese Thatsache zu erwähnen, obgleich sie in den veröffentlichten Akten des Unterrichtsministeriums über die gegen ihn geführte Diziplinaruntersuchung konstatiert ist, deren Kenntnis bei ihm vorauszusetzen man doch wohl berechtigt ist.«[1])

Es sind also zwei Punkte, die von Helmholtz zu seiner Verteidigung anführt. Erstens, dass er in der »Erhaltung der Kraft« die anderen »Autoren über den Gegenstand«, soweit er sie kannte, erwähnt hat, und zweitens, dass er später, nachdem er von dessen Schriften Kenntniss erhalten hatte, auch Robert Mayer stets in gebührendem Masse berücksichtigt hat.

Was nun die Erwähnung der anderen Autoren über die Erhaltung der Energie betrifft, so muss ich sagen, sie beweist garnichts für seine wohlwollende. Gesinnung gegen R. Mayer.

Er nennt in seiner eben erwähnten Abhandlung von neueren Autoren über die Erhaltung der Energie Joule und Holtzmann.

Ein Experiment von Joule über das mechanische Wärmeäquivalent hätte er sich nun doch nur dann aneignen können, wenn er selbst darüber experimentiert hätte. Und die allgemeine Idee der Aequivalenz von Wärme und Arbeit konnte er ebensowenig von ihm entlehnen, da die Arbeit desselben, die er anführt, in dem Philosophical Magazine erschienen war, so dass jede unbefugte Benutzung derselben leicht entdeckt worden wäre.

Ebenso war auch die Schrift, worin Holtzmann die Arbeit bei der Ausdehnung der Gase berechnet, bereits all-

---

[1] A. a. O., S. 61, Z. 15 v. u. ff.

gemeiner bekannt, und somit eine Aneignung auch in diesem Falle nicht auszuführen.

Bei der Verfolgung der Ziele, die von Helmholtz erstrebte, traten ja auch jene beiden Forscher garnicht als Mitbewerber auf. Wie er in der Erhaltung der Kraft angiebt, wollte er das Prinzip der Erhaltung der Energie logisch ableiten, und in allen Zweigen der Physik durchführen,

> »teils um die Anwendbarkeit derselben nachzuweisen in allen denjenigen Fällen, wo die Gesetze der Erscheinungen schon hinreichend erforscht sind, teils um mit seiner Hilfe, unterstützt durch die vielfältige Analogie der bekannten Fälle auf die Gesetze der bisher nicht vollständig untersuchten weiter zu schliessen« u. s. w. [1]

Zur Ausführung dieses Planes gaben ihm in der Wärmelehre Holtzmann und Joule die neueren Thatsachen, die er brauchte; er musste sie daher erwähnen, um seine Schlüsse zu begründen; andernfalls wäre das Kapitel über die Wärme in der »Erhaltung der Kraft« noch dürftiger ausgefallen, als es jetzt ist, und man hätte ihm auch Unkenntniss der Litteratur vorwerfen können.

Also sich von Holtzmann oder Joule etwas anzueignen, das ging nicht; sie unbeachtet zu lassen, wäre sein eigener Schaden gewesen: was blieb somit von Helmholtz anderes übrig, als sie zu erwähnen?

Ganz anders dagegen lagen die Sachen bezüglich Robert Mayer's. Von diesem waren bis zum Erscheinen der »Erhaltung der Kraft« zwei Arbeiten über dieses Thema veröffentlicht: »Die Bemerkungen über die Kräfte der unbelebten Natur«, und »Die organische Bewegung«; die erstere in den Annalen der Chemie, die letztere als Separatdruck. Beide waren, wie von Helmholtz selbst angiebt, in den ersten Jahren nach ihrem Entstehen wenig bekannt geworden,[2] und das allgemeine Problem, das »Die organische Bewegung« behandelte, war dasselbe wie das der »Erhaltung der Kraft«. Es war also ganz wohl möglich, ihre Idee zu entlehnen, sie

---

[1] M. vergl. oben S. 93.
[2] Einzelne Rezensionen sind abgedruckt in »Kleinere Schriften«.

umzugestalten, und die Kenntniss der benutzten Schrift dann abzuleugnen, ohne sich dem Vorwurf grober Unkenntniss der Litteratur auszusetzen.

Aber auch von jeder Entlehnung abgesehen, musste sich von Helmholtz sagen, dass das Vorhandensein einer so originellen Arbeit wie Mayer's »Organische Bewegung«, der überdies die Priorität zukam, den Ruhm, den er durch seine »Erhaltung der Kraft« jedenfalls früher oder später zu erwerben hoffte, notwendig beeinträchtigen würde. War er doch nun nicht mehr der Einzige, der das allgemeine Prinzip der Krafterhaltung aufgestellt, und in allen Gebieten der Physik nachzuweisen versucht hatte. Angenommen also, er erhielt zu der Zeit als er die »Erhaltung der Kraft« verfasste, und Mayer's genannte Schrift noch sehr wenig bekannt war, von derselben Kenntniss, und machte auf ihren Inhalt sachgemäss aufmerksam, so war letzteres immerhin ein Akt der Selbstverleugnung; während diese bei der Erwähnung von Joule und Holtzmann garnicht in Anspruch genommen wurde.

Wir können somit auch aus dieser Erwähnung durchaus nicht auf die Motive schliessen, die sein Verhalten gegen Robert Mayer bestimmten.

Zweitens sagt von Helmholtz in seiner oben abgedruckten Auslassung, er habe R. Mayer später, als er dessen Schriften kennen gelernt hatte, bezüglich der Entdeckung der Erhaltung der Energie stets in erster Linie genannt, und auch das wissenschaftliche Publikum auf ihn aufmerksam zu machen gesucht, wofür er sich sogar auf das Zeugniss hoher Behörden beruft.

Jedem aber, der mit Robert Mayer's Lebensgeschichte einigermassen bekannt ist, muss es beim Lesen dieser Aeusserung auffallen, dass sich von den Bemühungen, die sich von Helmholtz um ihn gegeben haben will, gar keine Spuren nachweisen lassen.

Das erste bedeutendere Zeichen wissenschaftlicher Anerkennung wurde Mayer seitens der naturforschenden Gesellschaft in Basel zu Teil, die ihn im November 1858 einstimmig zu ihrem korrespondierenden Mitgliede wählte. Das Diplom wurde ihm von Schönbein übersendet, der ihm in einem Begleitschreiben seine eigene grosse Verehrung aussprach.[1])

Der Name von von Helmholtz kommt in der ganzen Angelegenheit nicht vor, und es ist auch irgend eine unmittelbare oder mittelbare Einwirkung desselben dabei nicht zu entdecken.

Im Jahre darauf, 1859, wurde Mayer zum korrespondierenden Mitgliede der Akademie der Wissenschaften zu München ernannt.

Die Ernennung geschah auf Vorschlag Jolly's, bei dem Mayer bereits im Jahre 1841 Verständniss und Anerkennung für seine damals noch unentwickelten Ideen gefunden hatte.[2]) Auch war Liebig in München, der seine »Bemerkungen über die Kräfte« u. s. w. sehr beifällig beurteilt und in die Annalen der Chemie aufgenommen hatte.

Ferner wurde Mayer in demselben Jahre in Tübingen zum Doctor philosophiae honoris causa promoviert.

In diesem Falle war sein Duzfreund Reusch, Professor der Physik an der dortigen Universität, die treibende Kraft. Derselbe hatte die »Organische Bewegung« gleich nach ihrem Erscheinen von Mayer erhalten und sie mit Bewunderung gelesen. Er war übrigens kein besonderer Verehrer des Verfasser's der »Erhaltung der Kraft«; denn er schreibt an Mayer, dieses Buch wäre ihm »fast ungeniessbar«, weil darin verlangt wird, »man solle sich die Fläche einer Kurve als die Summe der neben einander liegenden Ordinaten denken.«[3])

Eine mächtige Förderung erhielt bekanntlich die Anerkennung Mayer's durch Tyndall, der am 6. Juni 1862 in der Royal Institution seinen berühmten Vortrag über dessen Schriften hielt.

Tyndall hatte wegen Mayer's Schriften bei Clausius in Zürich angefragt, der in demselben Jahre ebenfalls an Mayer einen sehr anerkennenden Brief schrieb.[4]) Von

---

[1]) Kleinere Schriften S. 354 ff.

[2]) Mechanik d. Wärme S. 21.

[3]) Kleinere Schriften S. 347 f.

[4]) M. vergl. Mechanik d. Wärme S. 338 ff. u. Kleinere Schriften S. 363 ff.

Helmholtz wird bei der ganzen Angelegenheit mit keiner Silbe erwähnt.

In allen den vorstehend angeführten Thatsachen sind also durchaus keine Spuren einer Mayer's Anerkennung fördernden Einwirkung von von Helmholtz aufzufinden. Andererseits haben gerade diejenigen Kreise, worin der Einfluss des letzteren massgebend war, sich stets ablehnend gegen jenen verhalten.

Um Aufklärung darüber zu erhalten, wie sich von Helmholtz für Robert Mayer's Anerkennung bemüht hat, wollen wir daher seine gedruckten Aeusserungen über den letzteren der Reihe nach genauer betrachten.

Die ersten, die uns vorliegen, sind vier Referate in den »Fortschritten der Physik«, die ich der Reihe nach erörtern werde.

1. Fortschritte der Physik im Jahre 1847.[1])

Von Helmholtz berichtet über Mayer's »Organische Bewegung«. Er fasst sich dabei sehr kurz und bemerkt nur Folgendes:

»Die Schriften von Mayer und Donders[2]) sind der Vollständigkeit wegen zitiert. Sie enthalten Zusammenstellungen der bekannten Fakta, im wesentlichen von demselben Gesichtspunkte aus angesehen, wie es der Referent im Jahresbericht für 1845 gethan.«

Unmittelbar danach giebt er einen etwa dreizehn Seiten langen Bericht von seinen eigenen beiden Arbeiten »Ueber die Wärmeentwickelung bei der Muskelaktion« und »Ueber die Erhaltung der Kraft«.

Der Aufsatz, worin von Helmholtz hiernach die Gesichtspunkte Robert Mayer's »im wesentlichen« bereits angegeben haben will, ist sein »Bericht über die Theorie der physiologischen Wärmeerscheinungen für 1845«.[3]) Er bemerkt darin zuerst, dass das »Prinzip der Konstanz des Kraftäquivalents bei Erregung einer Naturkraft durch eine

---

[1]) Ausgegeben im Jahre 1850.

[2]) Donders. Der Stoffwechsel als Quelle der Eigenwärme bei Pflanzen und Tieren, eine physiologisch-chemische Abhandlung; frei nach dem Holländischen. Wiesbaden 1847.

[3]) Wissenschaftliche Abhandlungen S. 3 ff.

andere« zwar logisch vollkommen begründet und auch schon als Grundlage mathematischer Theorien benutzt, aber weder theoretisch noch empirisch vollständig durchgeführt sei, und nimmt dann eine kurze Uebersicht von den Thatsachen, die etwa dafür sprechen könnten, worauf er sich zur Erörterung der Arbeit Liebig's über die thierische Wärme wendet. Der Bericht ist demnach gewissermassen als eine Skizze zu der Abhandlung »Ueber die Erhaltung der Kraft« zu betrachten, nur dass der physiologische Teil darin einen grösseren Raum einnimmt als in letzterer.

Aber dass Mayer's »Organische Bewegung« »im wesentlichen« nichts anderes enthält, als was in diesem Berichte steht; das ist doch eine ganz ungeheuerliche Behauptung.

Wie kam nun von Helmholtz dazu, sie auszusprechen? Ich sehe nur zwei mögliche Erklärungen. Entweder er hat über Mayer's Abhandlung berichtet, ohne sie gelesen zu haben, oder er hat über sie absichtlich falsch berichtet. Denn die Annahme, dass er sie gelesen, aber nicht verstanden hat, die bei einem anderen Referenten auch in Betracht zu ziehen wäre, ist hier ausgeschlossen.

Ueber eine wissenschaftliche Arbeit zu berichten, ohne sie gelesen zu haben, ist gewiss nicht schön; immerhin aber ist es noch besser als sie absichtlich zu entstellen. Aber die Wahrscheinlichkeit spricht doch sehr dafür, dass von Helmholtz mit Kenntnis von Mayer's meisterhafter Abhandlung sein unglaubliches Referat verfasste.

Denn er erklärt die Gesichtspunkte Mayer's für im wesentlichen mit den seinigen übereinstimmend; würde nun wohl ein vorsichtiger, auf seinen Ruf bedachter Autor — und diese Bedachtsamkeit wird doch niemand von Helmholtz absprechen — das von einer ihm unbekannten Schrift eines unbekannten Verfassers sagen? Dadurch könnte er sich ja für allen möglichen Unsinn haftbar machen.

Anders läge die Sache, wenn er über Mayer's Schrift nur eine nichtssagende allgemeine Redensart geäussert hätte: dann könnte man annehmen, er habe über sie leichtfertig berichtet, ohne sie gelesen zu haben. Aber er macht über sie eine ganz bestimmte Angabe, er vergleicht sie mit seinem Bericht, der sich zwar gegen sie wie die unsichere Skizze des Schülers gegen das Gemälde des Meisters verhält, der jedoch immerhin denselben Gegenstand wie sie darstellen soll. Dadurch wird die Annahme der Unkenntnis aus-geschlossen. Bevor er seine Auffassung fundamentalster wissenschaftlicher Fragen in dem Masse, wie er es in seinem Referate thut, mit derjenigen Mayer's identifizierte, musste er von dessen Abhandlung Kenntnis genommen haben, und zwar ziemlich gründlich. Die entgegengesetzte Annahme ist ganz und gar unwahrscheinlich.

2. Fortschritte im Jahre 1848.[1])

Mayer hatte im Juli des Jahres 1846 einen Aufsatz »Sur la production de la lumière et de la chaleur du soleil« der Pariser Akademie eingereicht, worin er auf Grund der Aequivalenz von Wärme und Arbeit seine Theorie der Ent-stehung der Sonnenwärme entwickelt, und in den An-merkungen seine Berechnung des mechanischen Wärme-äquivalentes ausführlich darlegt.

Im folgenden Jahre berichtete Joule ebenfalls an die Pariser Akademie über seine Bestimmung des mechanischen Wärmeäquivalentes aus der Reibungswärme in Quecksilber, ohne Mayer zu erwähnen.

Letzterer sah sich daher genötigt, zur Wahrung seiner Priorität an die genannte Akademie ein Schreiben zu richten, worin er Bezug nehmend auf sein Mémoire vom Jahre 1846 nochmals auf seine Berechnung des mechanischen Wärmeäquivalentes hinweist und dann ausführlich den Inhalt seiner »Bemerkungen über die Kräfte der unbelebten Natur« und der Abhandlung über »Die organische Bewegung« an-giebt. Auch führt er seinen Versuch über die Wärme-erzeugung durch den Wechsel der Magnetpole an.[2]) Seine Note wurde in die Comptes rendus aufgenommen, und von Helmholtz berichtet darüber. Das Referat ist, gelinde gesagt, sehr oberflächlich. Er schreibt darin, Mayer habe im Juli 1846 ein Mémoire der Akademie eingereicht

»In demselben war ein numerischer Wert für das mechanische Aequivalent der Wärme aus der

---

[1] Ausgegeb. im Jahre 1854.
[2]) Klein. Schriften S. 274 ff.

*Erwärmung der Gase auf dieselbe Weise berechnet,
wie es* Holtzmann *in seiner Schrift* »*Ueber die
Wärme und Elektrizität der Gase*« *schon im
Jahre 1845 gethan hatte*«.

Danach musste also jeder fälschlich annehmen, dass
Holtzmann bezüglich des mechanicsen Wärmeäquivalentes
die Priorität vor Mayer zukäme.

3. Fortschritte im Jahre 1849.[1])

Joule richtete im Jahre 1849 gegen die Reklamation
Mayer's eine Note an die Pariser Akademie, worin er die
Priorität bezüglich der Bestimmung des mechanischen Wärmeäquivalentes für sich in Anspruch nimmt, indem er die
bekannte unrichtige Anschuldigung ausspricht, Mayer's
Berechnung desselben beruhe auf einer unerwiesenen Hypothese.[2])

Gegen diese Unwahrheit erhebt wiederum Mayer noch
in demselben Jahre in einer an die genannte Akademie
gerichteten Note Einspruch[3]), indem er hervorhebt, dass er
den Versuch von Gay-Lussac, dessen Erfindung Joule
sich anmasste, bereits in »Organische Bewegung« ausdrücklich angegeben habe, worauf Joule bekanntlich nicht weiter
antwortete. Doch dessen Unanständigkeit soll uns hier nicht
weiter beschäftigen: aber was that von Helmholtz? Er berichtet Folgendes:

> »Die Behauptung der Unzerstörbarkeit der Arbeits-
> grösse der mechanischen Kräfte und die Aequivalenz
> der Aeusserungen der verschiedenen Naturkräfte mit
> bestimmten Grössen mechanischer Arbeit hat Mayer
> zuerst ausgesprochen im Jahre 1842.«

und ferner:

> »Die von Mayer angestellte Berechnung dieses
> Aequivalents aus der Wärme, welche ein Gas ent-
> wickelt, wenn es mit Verbrauch einer gewissen
> Arbeitsgrösse komprimiert wird, erfordert ausser dem
> Princip von der Unzerstörbarkeit der Kraft auch
> noch die Annahme, dass hierbei alle Arbeit sich in

---

[1]) Ausgegeben im Jahre 1853.
[2]) M. vergl. über diese angebliche Hypothese oben S. 33 ff.
[3]) Klein. Schriften S. 280 ff.

Wärme verwandele. Diese Annahme, welche auch den Theoremen und Rechnungen von Holtzmann zu Grunde liegt, ist aber, wie es Referent schon früher und Herr Joule in der vorliegenden Abhandlung hervorgehoben hat, erst durch die Versuche des letzteren im Jahre 1844 bestätigt worden.«

Also er macht sich Joule's Unwahrheiten vollständig zu eigen. Ueber Mayer's Wiederlegung derselben sagt er daher natürlich nichts. Den Bericht darüber übernimmt Brix, der sich dessen mit folgenden Worten entledigt.

»Die oben angeführten Noten der Herren Mayer und Joule in den C. R. betreffen einen Prioritätsstreit dieser beiden Herren hinsichtlich des mechanischen Aequivalents der Wärme. Neue Thatsachen werden darin nicht mitgeteilt.[1])

Diese wundersame Arbeitsteilung fand in der Weise statt, dass das Referat von von Helmholtz über Joule's Angriff unter „Wärmetheorie"; dagegen das Referat von Brix über Mayer's Verteidigung unter „Specifische und gebundene Wärme" untergebracht wurde.

Soll das ohne Absicht geschehen sein, so möchte man ein bekanntes Wort variirend sagen: Ist das Zufall, so hat es doch Methode.

4. Fortschritte in den Jahren 1850 und 1851[2]).

Von Helmholtz giebt eine Uebersicht der neuesten Theorien in der Wärmelehre. Mayer wird darin neben Carnot, Clapeyron, Joule und Holtzmann genannt, und von ihm gesagt, er habe zuerst die »Ansicht« aufgestellt, die Wärme sei kein Stoff, sondern eine Bewegungsform, und Arbeit könne durch Verschwinden von Wärme erzeugt werden und umgekehrt. Ferner habe Mayer die »Ansicht« ausgesprochen, dass bei einem ohne Temperaturveränderung ausgedehnten Gase die gesamte aufgenommene Wärme in Arbeit verwandelt werde.

---

[1]) a. a. O.
[2]) Ausgegeben im Jahre 1855.

Bezüglich M a y e r's »Bemerkungen über das mechanische Aequivalent der Wärme bemerkt der Referent dann noch, dass sie eine neue populäre Darstellung des Sachverhalts, eine Geschichte seiner Entdeckung und eine Diskussion über die Anwendung des Wortes Kraft« enthalten.

Wie man sieht, ist also das ganze Referat nichtssagend, z. T. auch schief. Mayer fasste nur die strahlende Wärme als Bewegung auf[1]); und dass bei der Ausdehnung eines vollkommenen Gases keine innere Arbeit geleistet wird, ist doch mehr als eine blosse »Ansicht«.

Die vorstehenden vier Berichte über die Untersuchungen R o b e r t Mayer's, die von H e l m h o l t z in den Fortschritten gegeben hat, können doch sicherlich nicht als Bemühungen gelten, die Aufmerksamkeit des wissenschaftlichen Publikums auf ihn zu lenken, was er angeblich erstrebte.

Zwei davon sind leer und ungenau und zwei sind schlimmer als das: sie sind entschiedene Unwahrheiten, die die Aufmerksamkeit geradezu von Mayer ablenken mussten. Denn warum sollte jemand Lust bekommen, die »Organische Bewegung« zu lesen, wenn er dem Referenten vertraute und von ihm erfuhr, sie enthalte nichts weiter als bekannte Thatsachen nach bekannten Gesichtspunkten zusammengestellt? Und warum sollte jemand die Bestimmung des mechanischen Wärmeäquivalentes bei Mayer und nicht vielmehr bei J o u l e aufsuchen; da doch die des erstere nach dem Referenten auf einer unerwiesenen Hypothese beruhte, die erst der letztere begründete?

Durch das erste und das dritte Referat hat v o n H e l m holtz ein schweres Unrecht an R o b e r t M a y e r begangen. Im Besonderen war es für M a y e r's wissenschaftliches Ansehen verhängnissvoll, dass v o n H e l m h o l t z bezüglich des mechanischen Wärmeäquivalentes sofort für J o u l e Partei nahm, und sich dazu hergab, dessen unwahre Angabe über M a y e r's Methode zu verbreiten. Denn die Bestimmung des mechanischen Wärmeäquivalentes war jedenfalls nach der Meinung der meisten Physiker sehr viel wichtiger als alle allgemeinen Aussprüche über die Erhaltung der Energie:

---

[1]) M. vergl. oben S. 41.

indem von Helmholtz die Unwahrheit verbreitete, Mayer habe seine Berechnung desselben nicht begründet, raubte er ihm somit auf lange Zeit den sichersten Ruhmestitel. Er ist in Deutschland als der Urheber der berüchtigten Fabel von Mayer's Hypothese zu betrachten, die bis in die neueste Zeit Glauben fand.

Von Helmholtz hat über die Entstehung seiner obigen Referate niemals eine Aufklärung gegeben.

Sollen sie auf eine blosse Unachtsamkeit oder Nachlässigkeit des Referenten zurückgeführt werden, so muss ich doch sagen, wer in so wichtigen Fragen aus Nachlässigkeit so grundfalsche Angaben verbreitet, wie sie die Referate von von Helmholtz enthalten, der beweist eine Frivolität, die kaum weniger verwerflich ist, als bewusste Unwahrheit.

Übrigens bekunden seine Referate unverkennbar die Absicht, Mayer zu unterdrücken.

Zuerst giebt er über dessen als Separatschrift erschienene »Organische Bewegung« das schmähliche Urteil ab, sie enthalte nichts Neues, und konnte, wie oben dargethan, nicht auf Unkenntniss beruhen.

Dann bleibt aber für sein Verhalten keine andere Erklärung als die Absicht, die unbekannte Schrift des unbekannten Autors zu beseitigen.

Letzterer dringt jedoch bis in die Comptes rendus vor, und verteidigt sich siegreich gegen den dreisten Angriff Joule's: da teilt von Helmholtz Joule's falsche Anschuldigung ausführlich und als unbestreitbare Thatsache mit, und Mayer's Antwort wird einem zweiten Referenten zugeschoben, der sie mit einer so nichtssagenden Phrase abthut, dass sie dadurch sicherer begraben war, als wenn sie garnicht erwähnt worden wäre.

Ich denke, diese Thatsachen zeigen deutlich genug, von welcher Gesinnung von Helmholtz gegen Robert Mayer beseelt war.

Wir wollen nun weiter sehen, ob von Helmholtz das Unrecht, das er durch seine Referate an Robert Mayer begangen hatte, später gut machte, indem er ihn, wie er sagt, »in erster Linie« als Entdecker der Erhaltung der Energie nennt.

5. In dem Vortrage »Über die Wechselwirkung der Naturkräfte« u. s. w. (1854) sagt von Helmholtz in einer geschichtlichen Übersicht über die Entwickelung des Prinzips der Erhaltung der Energie:

»Der Erste, welcher das allgemeine Naturgesetz, um welches es sich hier handelt, richtig auffasste und aussprach, war ein Deutscher Arzt, J. R. Mayer in Heilbronn, im Jahre 1842.«[1])

Weiter wird der Name Mayer's in dem fünfundzwanzig Seiten langen Vortrage nicht erwähnt; obgleich darin das mechanische Wärmeäquivalent und, der Sache nach, die Fallkraft, und ferner auch kosmische und organische Vorgänge erörtert werden.

Dem Vortrage sind zwei Anträge beigegeben: den ersten, im Jahre 1883 zugefügten, werde ich später berücksichtigen; in dem zweiten giebt der Autor einzelne kosmische Berechnungen zu seinem Vortrage und bemerkt, dass die übrigen sich zum Teil bei J. R. Mayer und Joule finden.

Mayer hat hiernach die Erhaltung der Energie richtig aufgefasst und ausgesprochen und einige Rechnungen angestellt; welche? das erfahren wir nicht einmal.

Das ist also, was von Helmholtz unter »in erster Linie« nennen versteht. Wenn aber Mayer nichts gethan hat, als die Erhaltung der Energie richtig auszusprechen: wer hat sie denn in der Physik durchgeführt? Offenbar kein anderer als von Helmholtz; da Joule doch nur Experimente über das mechanische Wärmeäquivalent angestellt hat. So wären denn die Rollen bei der Entdeckung des Grundprinzips der neueren Physik nach Wunsch verteilt. Joule hätte die Experimente gemacht, von Helmholtz wäre der Newton der neuen Theorie und Mayer ein Vorläufer wie auch Colding u. A.

Die Prioritäts-Ansprüche von von Helmholtz waren also doch nicht so bescheiden wie er vorgab.

Die Rolle bei der Erhaltung der Energie, die von Helmholtz hier Robert Mayer zuerteilen will, drängt er

---

[1]) Vorträge und Reden, S. 38, Z. 5 v. u. ff.

diesem, wie wir sehen werden, mehrere Jahre hindurch immer wieder auf, bis er schliesslich zu der Erkenntnis gelangt, dass auch sie für den »schwäbischen Arzt« noch zu gut ist.

6. Die nächste Aeusserung, womit sich von Helmholtz für Mayer's Anerkennung bemühte, findet sich in des ersteren Vortrag »Ueber die Erhaltung der Kraft« (Winter 1862), woselbst er dessen Verdienste um dieses Prinzip in folgender Weise feiert:

»Die Möglichkeit seiner allgemeinsten Gültigkeit sprach zuerst ein schwäbischer Arzt, Dr. Julius Robert Mayer (gegenwärtig in Heilbronn lebend) im Jahre 1842 aus, während beinahe gleichzeitig und unabhängig von ihm der englische Techniker James Prescott Joule in Manchester eine Reihe wichtiger und schwieriger Versuche über das Verhältnis der Wärme zur mechanischen Kraft durchführte, welche dazu dienten, die Hauptlücken, in denen die Vergleichung der neuen Theorie mit der Erfahrung noch mangelhaft war, auszufüllen.« [1]

Nimmt man von Helmholtz beim Wort, so sagt er hier, R. Mayer habe zuerst die Möglichkeit ausgesprochen, dass die Erhaltung der Energie allgemein gültig sei. Aber das wäre vollständiger Unsinn; da Mayer vielmehr mit aller Entschiedenheit die Notwendigkeit von deren allgemeiner Geltung ausspricht. Von Helmholtz meint also jedenfalls, aus den von Mayer ausgesprochenen Ideen folge nur die *Möglichkeit* des genannten Prinzips, dasselbe werde aber dadurch nicht bewiesen. Ist diese Auslegung richtig — und ich wüsste nicht, welche andere anzugeben wäre —, so muss man sagen, in den vorstehenden Sätzen von von Helmholtz ist der Ausdruck des Inhalts würdig: der erstere ist konfus, der letztere unwahr, und es ist in der That eine treffliche Ironie, dass von Helmholtz seine unwahre Behauptung nur ganz unbeholfen auszudrücken vermochte.

Der Entdecker des mechanischen Wärmeäquivalentes hätte nur die *Möglichkeit* der Erhaltung der Energie ausgesprochen, nicht einmal deren Wahrscheinlichkeit! Weniger

---

[1] a. a. O., S. 151, Z. 4 v. u. ff.

konnte ihm doch von Helmholtz nicht zu erkennen, oder er durfte ihn garnicht erwälnen, was sehr unklug gewesen wäre. Denn damals war Mayer bereits ein berühmter Mann[1]); wenn er ihn also ganz überging, setzte er sich dem Vorwurfe, der Unwissenheit oder der Missgunst aus: so führte er ihn denn »der Not gehorchend« an und findet ihn mit einer geschraubten, halb unverständlichen Phrase ab.

7. In den nächstfolgenden Jahren liess von Helmholtz Mayer in Ruhe, was jedenfalls besser war, als seine Bemühungen für dessen Anerkennung. Erst im Jahre 1868 fand er Gelegenheit, ihm gegen P. G. Tait seinen Schutz angedeihen zu lassen.

Tait ist bekanntlich in seinem Verhalten gegen Mayer als der englische O. Seyffer zu bezeichnen; nur dass jener biedere Privatdozent noch eher zu entschuldigen ist: denn er liess seine Kapuzinade gegen Mayer im Jahre 1849 los; Tait dagegen die seinige zwanzig Jahre später, als es schon sehr leicht war, sich von Mayer's Leistungen wenigstens eine oberflächliche Kenntniss zu verschaffen. Dieser dunkle Ehrenmann hatte nun einen Sketch of Thermodynamics[2]) verfasst, worin er u. A· schreibt, *Mayer habe ganz allgemein behauptet, dass die Wärme, die bei der Kompression irgend eines Körpers entwickelt wird, der äusseren dazu verwendeten Arbeit äquivalent ist.[3])*

Solch einen Unsinn hat Mayer selbstverständlich niemals gesagt, und seine Schriften geben auch nicht den geringsten Anlass zu Hrn. Tait's plumper Entstellung seiner Ideen.

Letzterer schickte sein Machwerk an von Helmholtz zur Begutachtung, und man musste erwarten, dieser werde ihn vor allen Dingen auf die ebenerwähnte und andere grobe thatsächliche Unwahrheiten aufmerksam machen, die er sich darin gegen Mayer hatte zu Schulden kommen lassen. Doch davon geschieht nichts.

Von Helmholtz richtet, angeblich um Mayer zu beschützen, einen Brief an Tait, worin er in einer Linie

---

[1]) M. vergl. oben S. 145.
[2]) Edinburgh 1868.
[3]) S. 17, Z. 18 v. o. ff.

Mayer, Colding und Séguin als Vorläufer Joule's nennt,
und dann fortfährt:

>>Was nun Robert Mayer betrifft, so kann ich
allerdings den Standpunkt begreifen, den Sie ihm
gegenüber eingenommen haben, kann aber doch
diese Gelegenheit nicht hingehen lassen, ohne auszusprechen, dass ich nicht ganz derselben Meinung
bin.<<

Darauf folgen triviale Auslassungen über Induktion,
wonach er nochmals versichert, dass Joule viel mehr als
Mayer gethan hat, dass er aber doch *glaube,* man müsse
letzteren als einen Mann betrachten, der das Prinzip der Erhaltung der Energie unabhängig und selbstständig gefunden hat.

Also Mayer, dessen Priorität zweifellos feststeht, hat
wirklich seine Gedanken nicht gestohlen; das zu *glauben*
ist von Helmholtz wohlwollend genug!

Um aber durch diesen Anflug von Ketzerei Herrn Tait's
Orthodoxie nicht zu kränken, versichert er dann nochmals,
dass Joule mehr als Mayer gethan habe und bezeichnet
auch die Arbeiten des ersteren unwahr als gleichzeitig mit
denen des letzteren[1]).

Wie man sieht, war der Widerspruch, den sich
von Helmholtz gegen Herrn Tait erlaubte, äusserst bescheiden. Die Differenz zwischen beiden ist ja auch nur
gering. Ersterer ist zwar nicht ganz der Meinung des
letzteren; aber er kann es wohl begreifen, wenn man wie
Tait an Mayer sozusagen kein gutes Haar lässt und dabei
selbst vor groben Unwahrheiten nicht zurückschreckt.

Solchen Schutz hätte sich Mayer in der That ernst-
lich verbitten müssen.

Selbst seine chronologische Priorität sucht von Helmholtz der Wahrheit zuwider zu verdunkeln!

Und über Mayer's Berechnung des mechanischen
Wärmeäquivalentes schweigt er vollständig!

Wenn wir uns daran erinnern, wie von Helmholtz
selbst über Mayer's >>Organische Bewegung<< berichtete und

---

[1]) Von Helmholtz, Wissenschaftliche Abhandlungen S. 74 f.

wie er die unwahre Behauptung Joule's bezüglich Mayer's Bestimmung des mechanischen Wärmeäquivalentes bereitwillig annahm, so können wir uns über sein Verhalten in dieser Angelegenheit allerdings nicht wundern.

8. Im folgenden Jahre (1869) fand die Naturforscher-Versammlung zu Innsbruck statt, wo von Helmholtz und Mayer anwesend waren. Von Helmholtz hielt die Eröffnungsrede, worin er selbstverständlich Mayer erwähnen musste, und da es diesem ins Gesicht geschah, wurde die Phrase, die er der Notwendigkeit opferte, rethorisch herausgeputzt.

Wir vernehmen, dass Robert Mayer das Prinzip der Erhaltung der Energie »zuerst«

»rein und klar erfasst und seine absolute Allgemeingiltigkeit auszusprechen gewagt hat« u. s. w.[1])

Von der Bestimmung des mechanischen Wärmeäquivalentes und allen übrigen Leistungen Mayer's, sagt aber von Helmholtz auch hier wiederum ebenso wie früher Nichts.

Gleich darauf führt er auch aus, dass *gleichzeitig* mit Mayer Joule zu denselben Ueberlegungen gelangte,

»und letzterem verdanken wir namentlich die wichtigen und mühsamen Experimentaluntersuchungen über dasjenige Gebiet, in welchem die Giltigkeit des Gesetzes von der Erhaltung der Kraft am zweifelhaftesten erscheinen konnte und wo die wichtigsten Lücken unserer thatsächlichen Kenntnisse bestanden, nämlich die Erzeugung von Arbeit durch Wärme und von Wärme durch Arbeit.

Wenn diese Phrasen wahr wären, würde Mayer allerdings so gut wie gar kein Anrecht auf das mechanische Wärmeäquivalent besitzen; aber sie sind zweifellos ganz unrichtig: Mayer hat die Aequivalenz von Wärme und Arbeit auf experimenteller Grundlage für die Gase berechnet; Joule hat sie für die Reibung einiger Flüssigkeiten und Metalle ermittelt. Das Gebiet, das Mayer der mechanischen Wärmetheorie erschlossen hat, ist für sie sehr viel wichtiger, als

---

[1]) Vortrg. u. Red. I. S. 346, Z. 5 v. o. ff.

dasjenige, worin Joule experimentiert hat, und seine Methode ist prinzipiell sehr viel besser als alle Methoden Joule's.

Ferner kommt Mayer zweifellos die Priorität zu, die ihm von Helmholtz hier wie schon in dem Briefe an Tait ebenfalls rauben möchte.

Es wäre nun ganz in der Ordnung gewesen, wenn Mayer die Phrasen von von Helmholtz endlich einmal mit der nötigen Deutlichkeit und Entschiedenheit abgefertigt hätte; doch statt dessen nennt er ihn gar in seiner eigenen darauf folgenden Rede neben Hirn, Joule, Colding und Holtzmann als selbstständigen Entdecker des mechanischen Wärmeäquivalentes.[1]

Selbstverständlich wollte er damit nicht sagen, dass den Untersuchungen dieser Forscher Gleichzeitigkeit mit den seinigen zukommt, sondern nur in verbindlicher Form deren Unabhängigkeit anerkennen. Und wenn er von Helmholtz als einen Entdecker des mechanischen Wärmeäquivalentes anführt, während derselbe doch nur für die mathematische Behandlung der Erhaltung der Energie in Betracht kommen konnte, so erklärt sich das wohl daraus, dass er das mechanische Wärmeäquivalent als deren wesentlichsten Teil für die Erhaltung der Energie setzte. Jedenfalls zeigte er auch in diesem Falle die vornehme Bescheidenheit und wohlwollende Beurteilung Mitstrebender, die wie bekannt, seinen Charakter zierten.

Dagegen wird das Verhalten von von Helmholtz gegen R. Mayer in den folgenden Jahren immer unerfreulicher. Bevor wir uns damit beschäftigen, mögen jedoch einige Bemerkungen über das, was wir bisher davon kennen gelernt haben, hier eingeschaltet werden.

Man wird im Allgemeinen nicht erwarten dürfen, dass ein Autor seinen Mitbewerber um denselben Siegeskranz ganz gerecht beurteilt, und um so weniger, wenn die geistigen Individualitäten beider so grundverschieden sind, wie diejenigen von R. Mayer und H. von Helmholtz. »Du gleichst dem Geist, den du begreifst« sagt der Dichter.

---

[1] Mechanik d. Wärme S. 356.

Einen gewissen Grad von Ungerechtigkeit gegen R. Mayer würden wir daher auch von Helmholtz hingehen lassen können, ohne ihm gerade einen schweren Vorwurf daraus zu machen.

Aber in jedem Falle mussten seine thatsächlichen Angaben über dessen wissenschaftliche Leistungen sorgfältig geprüft und wahrheitsgemäss sein, und das umso mehr, je wichtiger die behandelte Frage war. Und wenn er sich durch ein unglückliches Versehen zu einer unwahren Angabe hatte verleiten lassen, so musste er sich bemühen, sein Unrecht so viel als möglich und so bald als möglich gut zu machen.

Diese selbstverständlichen Gebote wissenschaftlichen Anstandes hat aber von Helmholtz gegen R. Mayer zu beobachten nicht für nötig befunden.

Er schreibt, Mayer's »Organische Bewegung«, ein Werk von höchster Originalität, enthalte nichts, was er nicht schon gesagt hat, und zwar wohlgemerkt, noch vor der Veröffentlichung seiner »Erhaltung der Kraft«. Er verbreitet Joule's verleumderische Behauptung über Mayer's angebliche Hypothese, durch die des letzteren wissenschaftliches Ansehen schwer geschädigt wurde: aber an einen Widerruf denkt er ebensowenig wie Joule. Im Gegenteil, er sucht geflissentlich Mayer von jedem Anrecht auf die Bestimmung des mechanischen Wärmeäquivalentes auszuschliessen. Niemals erwähnt er dessen Methode dafür; immer wieder bekommt man nur die bald so und bald anders gedrehte Phrase zu hören, Mayer habe zuerst die Erhaltung der Energie ausgesprochen.

Und daraus macht er sich noch ein Verdienst!

Aber aus der Welt zu schaffen war doch nun einmal Robert Mayer nicht, und das war doch das Wenigste, was er ihm zugestehen konnte, wenn er nicht ganz unumwunden bekämpfen wollte. Ganz so weit im Herunterreissen Robert Mayer's, wie Tait in England, durfte er doch auch in Deutschland nicht gehen.

Es ist also vollständig unwahr, wenn er behauptet, dass er sich für R. Mayer's Anerkennung wohlwollend bemüht hat. Er hat in dieser Angelegenheit nicht einmal das gethan, was er sich selbst schuldig war: er hat entschiedene Unwahrheiten nicht vermieden.

Die Art, wie er R. Mayer später erwähnt, beweist daher garnichts gegen die Annahme, dass er ihn anfänglich nicht erwähnt hat, um das an ihm begangene Plagiat zu verdecken; sie ist vielmehr ganz damit in Uebereinstimmung.

Dennoch möchte ich die Beschuldigung des Plagiats gegen von Helmholtz nicht aussprechen; denn es ist doch nicht erwiesen, dass er Mayer's »Organische Bewegung« vor Vollendung seiner »Erhaltung der Kraft« in Händen gehabt hat. Und die Uebereinstimmung beider Abhandlungen in Bezug auf die Grundidee bei sehr verschiedener Ausführung ist doch auch kein genügender Beweisgrund. Irgendwie zweifelhafte Anklagen sind aber um so mehr zu vermeiden, als das Unrecht, das von Helmholtz gegen R. Mayer zweifellos begangen hat, ohnehin schon schwer genug wiegt.

9. Zur Zeit von Herrn Dühring's Remotion fühlte sich von Helmholtz gedrungen, auch Mayer eine Lehre zu erteilen.

In seinem Vortrage über »Das Denken in der Medizin« (1877) äussert er sich über das »leere Hypothesen machen«, über das Raten von Naturgesetzen, wodurch gewissenhafte Arbeiter, die ihre Gedanken erst nach sorgfältiger Prüfung »zu Markte bringen«, geschädigt werden und schliesst seine Auslassungen mit dem Satze:

>»Die jetzige Art Prioritätsfragen nur nach dem Datum der ersten Veröffentlichung zu entscheiden, ohne dabei die Reife der Arbeit zu beachten, hat dieses Unwesen sehr begünstigt.«[1]

Diese Aeusserung musste in Betracht der vorausgegangenen Vorfälle jeder auf Robert Mayer beziehen, und von Helmholtz war sicherlich nicht naiv genug, das nicht vorauszusehen; er hat somit diese Beziehung gewollt.

Also nach von Helmholtz kann man durch »Raten« und »leere Hypothesen machen« das Prinzip der Erhaltung

---

[1] a. a. O. II, S. 185, Z. 18 v. u. ff.

der Energie »rein und klar« erfassen und seine »absolute Allgemeingültigkeit« erkennen![1]

In Wahrheit ist er selbst es aber gewesen, der in seiner »Erhaltung der Kraft« leere Hypothesen, logischen Unsinn und konfuse Potentialbestimmungen zu Markte gebracht hat.

Derselbe Vortrag giebt auch noch eine kleine Probe von der Aufrichtigkeit seines berühmten Verfassers.

Von Helmholtz hatte in dessen erster Ausgabe bei der Erörterung der Lebenswärme geschrieben:

»Hier ist schon die Frage ausgesponnen, die später von ärztlicher Seite zur Aufstellung des Gesetzes von der Erhaltung der Kraft führte.«[2]

Mayer hatte nun natürlich so wie alle Welt gemerkt, dass die Ausfälle gegen die leichtsinnigen Hypothesenmacher, die gewissenhafte Arbeiter um den Lohn ihrer Mühe bringen u. s. w. gegen ihn gemünzt waren.

Er musste also auch annehmen, dass unter der »ärztlichen Seite«, die das Gesetz von der Erhaltung der Kraft aufgestellt hat, von Helmholtz selbst und nicht er gemeint sei. Denn letzterer konnte doch unmöglich in demselben Vortrage auf der einen Seite sagen, Mayer habe die Erhaltung der Kraft entdeckt und auf der anderen, er habe darüber nur ins Blaue geredet.

Zur Wahrung seiner Rechte verfasste er daher eine Rezension des Vortrages, worin er bemerkt, die Erhaltung der Kraft, die er mit der Erhaltung der lebendigen Kraft identifiziert, sei schon von Huygens aufgefunden.

»Dieses Gesetz ist also schon viel früher bekannt als die in unsre Zeit fallende Entdeckung des mechanischen Wärmeäquivalentes mit seinen Beziehungen zur Medizin.«

Ferner dürfe die Bestimmung der Priorität, wie es schon Arago verlangte, nur nach dem Datum der Veröffentlichung erfolgen. Diesem Grundsatze gemäss habe er durch eine kurze vorläufige Abhandlung in Liebig's Annalen seine Priorität gewahrt, und drei Jahre später in der

---

[1]) M. vergl. oben S. 157.
[2]) A. a. O. S. 191, Z. 1. v. o. ff.

besonderen Schrift »Die organische Bewegung« seine Theorie
ausführlicher dargelegt. Er schliesst mit den Worten:

>Der Leser, der sich aber die Mühe nehmen will,
die zweite Auflage über die Mechanik der Wärme,
Stuttgart 1874, zur Hand zu nehmen, wird leicht
finden, dass die von mir schon im Jahre 1842 ge-
pflanzte Saat inzwischen zur Reife gediehen ist.« [1]

Von Helmholtz setzt in seiner Antwort hierauf den
Unterschied auseinander zwischen dem Prinzip der Erhaltung
der lebendigen Kraft und dem von ihm formulierten Prinzip
der Erhaltung der Kraft und betont dann, dass das
mechanische Wärmeäquivalent zwar die wichtigste Lücke in
dem Beweise der Erhaltung der Kraft ausgefüllt habe, diese
aber doch eine grössere Bedeutung besitze, als die speziellere
Aequivalenz zwischen Wärme und Arbeit. Seine Absicht
wäre nicht gewesen Mayer

»weniger, sondern mehr zuzuschreiben, als er selbst
für sich in Anspruch nimmt.«

Seine anzüglichen Bemerkungen über die Bestimmung
der Priorität und Mayer's Erwiederung darauf, berührt er in
dieser Antwort mit keinem Worte.

Wer also noch harmlos genug gewesen war, daran zu
zweifeln, dass von Helmholtz damit auf Mayer zielte, der
musste jetzt davon überzeugt sein. Denn von Helmholtz
sieht, Mayer bezieht seinen Ausfall auf sich, er musste ihm
also diesen Irrthum, wenn es einer war, benehmen; er war
ja, wie wir weiter unten hören werden, so besorgt, den
leidenden Mann nicht zu kränken; und kränken musste es
diesen doch sehr, wenn er hörte, das Werk seines Lebens
sei nichts als »leeres Hypothesenmachen« und ihm käme
die Priorität nur äusserlich zu. Doch von Helmholtz
schweigt, und hat somit Mayer gemeint, was ohnehin fest-
stand. Dann ist es aber eine entschiedene Unwahrheit, dass
er unter dem Arzt, der die Erhaltung der Kraft entdeckt
hat, Mayer verstanden habe, und nicht sich selbst. Man
muss wirklich glauben, von Helmholtz hielt sich für befugt

[1] Kleinere Schriften S. 438.

mit einem Robert Mayer seinen Spass zu treiben; da er
ihm solche handgreifliche Unwahrheit aufbinden wollte.

Und weiter. Wir haben oben wiederholt gehört, Joule
habe viel mehr als Mayer gethan; Joule hat aber nur das
mechanische Wärmeäquivalent bestimmt. Somit musste man
annehmen, von Helmholtz lege auf dessen Bestimmung
viel mehr Wert, als auf die Aufstellung des allgemeinen Gesetzes der Erhaltung der Kraft, die er ja angeblich Mayer
zuschreibt. Nun werden wir jedoch plötzlich vom Gegenteil
belehrt: wir hören jetzt, es sei von grösserer Bedeutung,
die Erhaltung der Kraft auszusprechen als die Aequivalenz
von Wärme und Arbeit zu bestimmen. Dann musste er
aber auch Mayer höher stellen als Joule.

Also entweder war von Helmholtz ein Mann, der
ganz taktlose Redensarten in die Welt schickte, ohne sich
klar zu machen, welche Wirkung sie haben mussten, der
sich selbst widersprechend bald die Aufstellung der Erhaltung
der Kraft, bald die der Aepuivalenz von Wärme und Arbeit
für das Höhere erklärte, oder er hat hier Winkelzüge gemacht;
nichts als Winkelzüge.

Ganz der Aufrichtigkeit seiner Antwort entsprechend
ist dann auch die Aenderung, die er in der zweiten Ausgabe
seines Vortrages vornimmt. Statt der obenangeführten Stelle
schreibt er darin:

»Hier ist schon die Frage angesponnen, die später
von ärztlicher Seite zur Auffindung des Aequivalentver-
hältnisses zwischen mechanischer Arbeit und Wärme,
sowie zur *wissenschaftlichen* Formulierung des Gesetzes von der Erhaltung der Kraft führte.«[1]

Dieser Satz unterscheidet sich von dem entsprechenden
der ersten Ausgabe[2] erstens dadurch, dass hier das Aequi-
valentverhältnisses zwischen mechanischer Arbeit und Wärme
eingeschoben ist, und zweitens dadurch, dass von Helmholtz
hier von der *wissenschaftlichen* Formulierung des Gesetzes
von der Erhaltung der Kraft spricht, während er dort schlechtweg von dessen Aufstellung sprach. Demgemäss sind denn

---

[1] a. a. O. S. 174 Z. 9. v u. ff.
[2] M. vergl. oben S. 161.

nun auch die Anteilscheine an den beiden Entdeckungen verteilt. Bezüglich der Aequivalenz von Wärme und Arbeit verweist er nämlich in einer Anmerkung auf Mayer's »Organische Bewegung«; bezüglich der *wissenschaftlichen* Formulierung des Gesetzes von der Erhaltung der Kraft dagegen auf seine eigene Abhandlung über dieses Thema.

Man sieht, von Helmholtz war nicht der Mann, etwas umsonst zu geben; was er mit der einen Hand giebt, nimmt er mit der anderen zurück.

10. Im Jahre darauf, am 20. März 1878, starb Robert Mayer. Von Helmholtz hielt ihm zwar keinen Nachruf, sprach sich aber statt dessen noch zweimal ausführlicher über ihn aus. Das erste Mal in einer Anmerkung zu der neuen Ausgabe seiner »Erhaltung der Kraft«,[1] das zweite Mal in seinem obenerwähnten »Anhang« über »Robert Mayer's Priorität«. Der Mann machte ihm offenbar in seinen Gedanken viel zu schaffen. Beide Auslassungen unterscheiden sich von den früheren dadurch, dass er nunmehr zu offenem Angriffe gegen Mayer vorgeht.

Der allgemeine Gedankengang beider ist derselbe, die zweite ist nur breiter ausgeführt.

Ueber den Inhalt der letzteren, auf den ich im Verlaufe dieser Schrift schon wiederholt Bezug genommen habe, mögen hier noch einige allgemeine Bemerkungen erfolgen.[2]

Von Helmholtz nimmt darin Gelegenheit, mit mehreren seiner Gegner, im Besonderen mit den Metaphysikern, abzurechnen. Es wird aber nicht recht klar, ob er eigentlich alle Metaphysiker für seine Gegner, oder alle seine Gegner für Metaphysiker hält.

Diese Metaphysiker sollen sich nun angeblich um Robert Mayer schaaren und unter dessen Fahne gegen ihn, den Vertreter der lauteren Induktion, anstürmen.[3] Ist das wahr, so sind die Metaphysiker sehr thöricht; denn R. Mayer ist ihr gefährlichster Feind. Dagegen könnten sie mit von Helmholtz sehr wohl leben: seine logischen Begriffe sind, insoweit

---

[1] Wissenschaftliche Abhandlungen S. 72.

[2] M. vergl. auch meine bereits erwähnte Schrift »Ueber den Beweis des Prinzips u. s. w.« S. 19 ff.

[3] S. 60, Z. 15 v. u. ff.

man bei ihrer Verworrenheit überhaupt ihren Charakter bestimmen kann, entschieden metaphysisch.

Hierauf kündigt von Helmholtz an, nunmehr Robert
Mayer's metaphysische Sünden anfdecken zu wollen. Früher,
»so lange der leidende Mann lebte«, wäre ihm das un-
passend erschienen.[1])

Wie wir aber aus dem Denken in der Medizin wissen,
wurde von Helmholtz durch sein Zartgefühl nicht behindert,
auf den leidenden Mann, so lange er lebte, mit höchst ver-
letzenden, unwahren Anzüglichkeiten zu zielen. Sein Zartgefühl sieht also allzusehr nach Scheinheiligkeit aus.

Die dann folgenden Angriffe hätte übrigens »der leidende
Mann« ganz wohl ertragen können, ohne sich sehr zu erregen.

Von Helmholtz sagt zuerst, die Ueberzeugung von
der Unzerstörbarkeit der Kraft habe sich historisch rein
induktiv entwickelt.

Das mag wahr sein oder nicht, beweist aber jedenfalls
nicht, dass die Erhaltung der Energie nun auch rein induktiv
bündig abzuleiten ist. Die historische Entwickelung der
Begriffe und ihre logische decken sich nicht notwendig:
das hätte dem »Philosophen« von Helmhotz allenfalls
bekannt sein können.

Seine Vorstellungen über die historische Entwickelung
des Prinzips der Erhaltung der Energie sind übrigens geradezu abgeschmackt.

Die Gelehrten der Pariser Akademie sollen nämlich im
Jahre 1775, als sie beschlossen, kein angebliches perpetuum
mobile mehr zu berücksichtigen, dabei nicht nur an das
mechanische, sondern an das physische perpetuum mobile
gedacht haben. Wenn man aber den betreffenden Beschluss
liest,[2]) so sieht man sofort, dass die Akademie nur an das
mechanische perpetuum mobile dachte. Und wenn man sich
ein wenig mit der Geschichte der Physik beschäftigt hat, so
weiss man, dass die Akademie damals auch an garnichts
weiter denken konnte.

---

[1]) S. 62, Z. 20 v. u. ff.
[2]) Histoire de l'Academie royale 1775. p. 65; auch abgedruckt in
meiner oben erwähnten Schrift Ueber den Beweis u. s. w. S. 36.

Mit solchen lächerlichen historischen oder vielmehr un-
historischen Ausführungen wollte von Helmholtz offenbar
beweisen, dass im Jahre 1842 an der Erhaltung der Energie
eigentlich nicht mehr viel zu entdecken war, woraus man
selbstverständlich schliessen soll, das Hauptverdienst bei der
Entdeckung derselben habe in ihrer angeblich von ihm ge-
leisteten mathematischen Entwickelung bestanden.

Nachdem von Helmholtz so den Boden geschildert
hat, woraus seiner Meinung nach die Erhaltung der Energie
erwachsen ist, wendet er sich zu Mayer's »Bemerkungen
über die Kräfte der unbelebten Natur«. (Liebig's Annalen,
Mai 1842.) Er erklärt sie für eine Prioritätsanzeige, worin
nur Thesen nicht Beweise enthalten seien, was wohl niemand
bestreiten wird; aber zwischen diese selbstverständlichen
Sätze schiebt er eine kleine Notiz ein, die dem Unkundigen ganz
harmlos und wohlmeinend erscheinen kann, die aber in Wahrheit von Helmholtz äusserst belastet. Er schreibt nämlich
bezüglich Mayer's Berechnung des mechanischen Wärmeäquivalentes:

> »Die der Rechnung zu Grunde liegende Annahme,
> dass die Abkühlung eines sich dehnenden Gases
> der äusseren Arbeit entspreche, hätte, *wie Mayer
> später zeigte,* durch Berufung auf ein von Gay
> Lussac ausgeführtes Experiment gestützt werden
> können.[1]

Also nun weiss von Helmholtz, dass Mayer diesen
vielberühmten Versuch kannte und ihn auch »später«, d. h.
in der Abhandlung über »Die Organische Bewegung«, angeführt hatte. Wann mochte er wohl zu dieser Kenntniss
gelangt sein? Etwa als Mayer noch lebte? Warum hat er
denn nicht zu Mayer's Verteidigung gegen Joule und
Tait davon Gebrauch gemacht? Sie spielten ja jenen
Versuch, dessen Erfindung sich Joule anmasste, immer
wieder gegen Mayer aus, um ihm sein Recht an die Entdeckung des mechanischen Wärmeäquivalentes streitig zu
machen.[2] Von Helmholtz konnte also Mayer gar nicht

---

[1] S. 68, Z. 15 v. o. ff.
[2] M. vergl. hierüber oben S. 34 ff.

besser verteidigen, als wenn er zeigte, dass dieser ihn bereits kannte. Aber er stimmt in Joule's unwahre Behauptungen über Mayer's »Hypothese« ein, und findet letzteren sein lebenlang mit leeren »unbestimmt allgemeinen« Phrasen ab, ohne je seine Berechnung des mechanischen Wärmeäquivalentes wahrheitsgemäss zu erwähnen!

Oder ist von Helmholtz erst nach Mayer's Tode zu seiner Kenntniss gelangt? Dann hätte er dreissig Jahre über Mayer geurteilt, ohne von dessen Hauptwerk, »Die Organische Bewegung«, die ersten Seiten gelesen zu haben. Das wäre in der That eine durch ihr Uebermass unwahrscheinliche Frivolität.

Von Helmholtz bemerkt dann weiter, dass Mayer's Prioritätsanzeige ihrer Natur nach keinen »unmittelbaren grossen Erfolg unter den Naturforschern haben konnte.«

Auch das wird niemand bestreiten; er müsste uns aber erklären, was er leider nicht thut, wie Mayer's meisterhafte Abhandlung über »Die Organische Bewegung« bei dem Physiker und Physiologen von Helmholtz so wenig unmittelbaren und mittelbaren Erfolg haben konnte, dass er im Stande war, sein berüchtigtes Referat darüber abzufassen,[1] und dass er auch später von ihrem Inhalte niemals gebührend Notiz nahm. Berührt er diesen doch auch in dem vorliegenden Anhange nur, um die am Anfange stehenden allgemeinen logischen Sätze wie causa aequat effectum u. s. w. anzugreifen, während er sich im Uebrigen auf die Erörterung von Mayer's Prioritätsanzeige beschränkt.

Liegt in alledem nicht Methode?

Jedenfalls hat von Helmholtz in seiner Erhaltung der Kraft keinen Gedanken so konsequent durchgeführt, wie hier und in allem Vorigen die Absicht R. Mayer's Leistungen herabzusetzen.

Von dessen eben erwähnten logischen Sätzen sagt er,[2] sie seien nicht beweiskräftig: das ist richtig; aber den Beweis, dass sie metaphysisch sind, bleibt er uns schuldig. Dafür tischt er uns eine ganz wundersame logische Konfusion auf.

---

[1] M. vergl. oben S. 146.
[2] S. 69, Z. 6 v. u. ff.

Nur eine Stelle sei in dieser Beziehung angeführt; er schreibt:

> »Jetzt, wo man den grossen Zusammenhang der Arbeitsäquivalente des Weltalls kennt und in weitem Umfange empirisch nachgewiesen hat, kann man sagen, dass sie als Ens, welches nicht zu Nichts werden und nicht aus Nichts entstehen könne, gefasst werden dürfen. Dazu war doch aber kein Recht da, ehe ihre Beständigkeit erfahrungsgemäss nachgewiesen war.«

Also, zu Mayer's Zeit konnte *im Weltall etwas existieren,* nämlich die Arbeitsäquivalente, *das kein Ens war.* Erst jetzt vermöge unserer reicheren Erfahrung, wissen wir, dass alles was existiert, ein Ens ist!

Das ist ein Ausspruch, würdig der Deduktionen in der »Erhaltung der Kraft«!

Er wollte wohl sagen, man konnte nicht wissen, ob die Arbeitsäquivalente *wirklich existieren;* doch statt dessen sagt er, man konnte nicht wissen, ob die *wirklichen Arbeitsäquivalente existieren.*

Von Helmholtz wendet sich dann zur Besprechung von Joule's Leistungen.[1])

Hatte er sich vorher, freilich sehr ohnmächtig, bemüht, Mayer's Verdienste zu verkleinern, so sucht er jetzt in liebevollster Weise alles auf, um Joule emporzuheben.

Er will ihn erstens gegen Herrn Dührings Anklage, an Mayer ein Plagiat begangen zu haben, verteidigen und zweitens zeigen, dass derselbe für das mechanische Wärmeäquivalent viel mehr als Mayer geleistet habe.

Ueber den ersten Punkt, sei gleich bemerkt, dass auch nach meiner Meinung Joule selbstständig gearbeitet hat; aber was von Helmholtz dafür anführt, beweist in der That eher das Gegenteil.

Er sagt, Joule habe bereits im Jahre 1841 Versuche über ein mit dem mechanischen Wärmeäquivalente nahe verwandtes Thema angestellt, indem er das Gesetz der Wärmeentwickelung im Schliessungsbogen einer galvanischen Batterie

---

[1]) S. 70, Z. 8. v. u. ff.

untersuchte. Ferner habe er noch in demselben Jahre Versuche angestellt, »dass die elektrisch entwickelte Wärme der chemischen nicht nur proportional, sondern gleich« sei.

»Dann erst erschien R. Mayer's erster Aufsatz im Mai 1842. Joule hatte um diese Zeit also ein für die Erhaltung der Kraft ebenfalls höchst wichtiges Thema selbstständig behandelt und durchgeführt. *Unmittelbar folgerte er aus diesen Thatsachen allerdings noch nichts, was mit dem Gesetz von der Erhaltung der Kraft zusammenhängt, sondern sprach nur die Vermuthung aus, dass auch bei den direkten chemischen Verbrennungen die Wärmeentwickelung durch einen ähnlichen elektrischen Prozess bedingt sei. Diese Aehnlichkeit ist allerdings nach neueren Ansichten eine ziemlich fernliegende«* [1] u. s. w.

Hierdurch will von Helmholtz beweisen, dass Joule von Mayer unabhängig war! Aber es gehört doch wahrlich keine besondere Missgunst gegen Joule dazu, um hieraus vielmehr zu schliessen, dass diesen erst Mayer's Arbeiten über das wahre Ziel seiner eigenen Experimente aufklärten. Denn die Idee des mechanischen Wärmeäquivalentes spricht er erst fünfviertel Jahre später als letzterer aus.[2]

Wenn wir also annehmen, dass Joule unabhängig von Mayer auf das mechanische Wärmeäquivalent gekommen ist, so geschieht es gewiss nicht in Folge der angeblichen inneren Gründe, die von Helmholtz `anführt; sondern einfach desswegen, weil es wahrscheinlich sein dürfte, dass Joule von Mayer's erster Arbeit nicht gleich Kenntnis erhielt. Aber die Priorität gebührt zweifellos Mayer und es ist ganz ungerecht, wenn von Helmholtz die Entdeckungen beider Männer als gleichzeitig darzustellen sucht.

Und noch ungerechter ist es, dass er Joule's Verdienste um das mechanische Wärmeäquivalent über diejenigen Mayer's zu erheben sucht, während sie die letzteren in Wahrheit nicht erreichen.

---

[1] S. 71, Z. 10 v. o. ff.
[2] »Ueber die erwärmende Wirkung der Magnetoelektrizität« u. s. w. 21. Aug. 1843: Spengel, Das Mech. Wärmeäquivalent u. s. w. S. 1 ff.

Er schreibt:

»Die von Mayer gegebene Berechnung dieser Grösse für einen Fall, selbst wenn sie als begründet anerkannt wurde, bewies ja nichts. Es musste gezeigt werden, dass ganz verschiedene Vorgänge genau denselben Wert ergeben, was Joule in der That gethan hat.«[1])

Das ist eine vollständige Entstellung des wahren Sachverhaltes. Gerade Mayer's Berechnung des mechanischen Wärmeäquivalentes ist von allgemeiner Bedeutung, indem sie für alle eigentlichen Gase gilt; während Joule's Versuche nur vereinzelte und noch dazu in ihren Bedingungen höchst verwickelte Fälle behandeln.[2])

Mit wie ungleichem Masse von Helmholtz misst, zeigt sich auch darin, dass er die logische Hypothese, von der Mayer ausgeht, nicht genug tadeln kann, während er den theologischen Unsinn, den Joule bei seinen Experimenten voraussetzt,[3]) mit keinem Worte erwähnt.

Schliesslich fasst von Helmholtz sein Urteil über Mayer in folgenden Worten zusammen.

Er hoffe seinen Lesern dargethan zu haben
»dass R. Mayer zwar ein höchst selbstständiger und scharfsinniger Kopf war, von dem man grosse

---

[1]) S. 72, Z. 7 v. u. ff.

[2]) M. vergl. hierüber oben S. 36 ff.

[3]) Joule, Mechan. Aequiv. d. Wärme, S. 39, Z. 5 v. u. ff. „da ich überzeugt bin, dass die gewaltigen Naturkräfte durch des Schöpfers „Werde" unzerstörbar sind." S. 75, Z. 14 v. u. ff. „Da ich der Ansicht bin, dass nur der Schöpfer die Macht zu zerstören besitzt, so stimme ich mit Rojet und Faraday darin überein, dass jede Theorie. welche in ihren Konsequenzen zur Vernichtung von Kraft gelangt, notwendig falsch ist."
Diese Phrasen macht Joule nicht etwa als eine überflüssige Zugabe zu seinen Experimenten; sondern sie sind deren prinzipielle Voraussetzung (m. vergl. oben S. 37). Wie Mayer nimmt er also die Unzerstörbarkeit der Wärme aus aus allgemeinen Gründen an, und will durch das Experiment nur das Zahlenverhältnis zwischen Wärme und Arbeit bestimmen. Aber an die Stelle der logischen Voraussetzung Mayer's tritt bei Joule die theologische Ueberzeugung. Doch das deckt von Helmholtz mit dem Mantel der Liebe, oder vielmehr des Egoismus zu.

Leistungen erwarten durfte, wenn es ihm vergönnt gewesen wäre, in voller Geisteskraft weiter zu arbeiten; aber nicht ein solcher, der Dinge geleistet hätte, die nicht auch andere seiner Zeitgenossen hätten leisten können und thatsächlich auch geleistet haben.«[1])

Was diese Sätze am besten darthun ist der Wunsch ihres Autors R. Mayer's Erbschaft anzutreten.

In dieser Auffassung kann uns auch seine Versicherung nicht irren, er habe bezüglich der Erhaltung der Kraft niemals die Priorität für sich in Anspruch genommen. Gewiss, von Helmholtz hat nicht behauptet, die Erhaltung der Kraft zuerst »ausgesprochen« zu haben; eine solche Behauptung wäre auch zu leicht ad absurdum zu führen gewesen, und es ist doch kein besonderes Verdienst, wenn man sich eine Sache nicht anmasst, deren Besitz man absolut nicht wahren kann.

Aber er hat stets Mayer's Leistungen auf die blosse Aussprache des genannten Prinzips, d. h. also auf einen blossen, wenn auch sehr scharfsinnigen, Einfall zu beschränken versucht, und Joule gegen ihn ausgespielt, dessen Experimente seinen Ansprüchen nicht wie Mayer's Arbeiten im Wege standen. Denn er sprach sich selbst teils offenkundig, teils versteckt das Verdienst der wissenschaftlichen Formulierung des Prinzips der Energieerhaltung zu; er wollte, wie ich es schon an anderer Stelle bezeichnete, der Newton der Energetik sein. Hierzu fehlten aber doch die inneren wie die äusseren Bedingungen.

Denn R. Mayer hat die Erhaltung der Energie nicht blos ausgesprochen, sondern auch deren wichtigsten Teil, das mechanische Wärmeäquivalent, höchst genial bestimmt, und er hat ferner zu ihrer allgemeinen Begründung den richtigen Weg gewiesen. Dagegen ist die mathematische Behandlung dieses Prinzips durch von Helmholtz sehr unzulänglich, und letzterer ist sich bis an sein Ende über dessen wahre Bedeutung nicht klar geworden, indem er, wie auch noch in dem vorliegenden Anhange, darin nichts weiter als eine Verallgemeinerung des Prinzips der Erhaltung der lebendigen Kraft sah,[1]) was eine durchaus unklare Auffassung ist.[2])

Wenn daher von Helmholtz in seinen vorstehenden Sätzen sagt, dass Mayer Grosses hätte leisten können, aber noch nicht geleistet hat, so ist ihm zu antworten, dass es müssig ist, zu untersuchen, ob letzterer in günstigeren Verhältnissen noch mehr geleistet hätte, als er geleistet hat, dass aber keiner seiner Zeitgenossen bezüglich der Erhaltung der Energie so viel geleistet hat, wie er; auch nicht von Helmholtz, obgleich dieser ein langes Leben ungestörter Arbeit widmen konnte.

Wir haben nun sämtliche Aeusserungen über R. Mayer erörtert, die von H. von Helmholtz gedruckt vorliegen, und müssen danach sagen, letzterer hat in seinem Verhalten gegen den ersteren einen Kreisprozess beschrieben. Er beginnt seine Beziehungen zu Mayer mit unwahren Referaten, die geeignet waren, denselben wissenschaftlich zu unterdrücken, und er wirft schliesslich dem Gestorbenen in seinem »Anhange« einen Haufen wirrer Behauptungen und Anschuldigungen nach, die, wenn sie wahr wären, Mayer zu einem blossen Vorläufer seiner eigenen wissenschaftlichen Herrlichkeit herabsetzen würden. Solche Vorläufer haben aber nur in der Geschichte der Wissenschaft, nicht in dieser selbst einen Platz.

Also das Ende ist wie der Anfang: Unterdrückung Robert Mayer's. Dazwischen liegen Winkelzüge und Unwahrheit.

Von Helmholtz hatte in seinem »Anhang über Robert Mayer's Priorität« eine Anweisung gegeben, wie er Mayer behandelt zu wissen wünschte, und diese wurde in den ihm unbedingt ergebenen Kreisen eifrig befolgt. Er wurde dem-

---

[1]) S. 67' Z. 13 v. o. ff.
[2]) M. vergl. oben S. 93 ff.

gemäss sozusagen offiziell zum »Vater des Prinzips von der Erhaltung der Kraft« ernannt.[1])

Der Titel war nicht glücklich gewählt: unter dem Vater eines Naturgesetzes kann doch nur dessen Entdecker verstanden werden, und von Helmholtz hat weder die Erhaltung der Energie noch das mechanische Wärmeäquivalent entdeckt.

Wollte man also durchaus seine vermeintlichen Verdienste um die Erhaltung der Energie durch einen Titel ehren, so wäre es schon besser gewesen, ihn zu deren offiziellem Vater zu ernennen.

Gegen das Gebahren von von Helmholtz, wobei nicht sowohl die Erhaltung der Energie als die Erhaltung des Ich das herrschende Prinzip war, hebt sich das Verhalten Robert Mayer's höchst vorteilhaft ab.

Er erwähnt von Helmholtz in seinen Schriften und Briefen wiederholt, aber stets ohne jede Spur von Feindseligkeit; vielmehr mit bereitwilliger Anerkennung. Auch auf die Gehässigkeiten in dem »Denken in der Medizin« antwortet er schlicht sachlich, und findet für dieses aus rein persönlichen Motiven hervorgegangene Machwerk sogar ein Wort nicht ironischen Lobes. Dabei ist er sich der Bedeutung seiner Leistungen und der Ansprüche, zu denen er durch sie berechtigt ist, sehr wohl bewusst; aber er ist zu vornehm, um für sich Reklame zu machen, oder durch andere machen zu lassen, und er sucht zu aufrichtig die Wahrheit, um die Wissenschaft zu einem Tummelplatze persönlicher Leidenschaften zu erniedrigen.

Diese Lauterkeit seine moralischen Gesinnung hat ihm allerdings von seinem Rivalen keinen Dank eingetragen; aber sie hat ihm einen höheren Preis erworben, indem sie als Prinzip seiner Forschung sich in die bewundernswerte reine Sachlichkeit verwandelte, die sie auszeichnet.

Er dringt nicht vermessen der Natur Hypothesen auf; sondern lauscht als ein frommer Jünger auf die Stimme der

---

[1]) Naturforscherversammlung 1886.

Göttin. Daher offenbarte sie ihm Geheimnisse, die sie den zudringlichen Beschwörungen falscher Propheten unerbittlich versagte, und verlieh seinen Werken die Lebenskraft ihrer eigenen Schöpfungen.

So werden denn Robert Mayer's Ideen nach Jahrhunderten noch in der Wissenschaft jugendfrisch wirken und wachsen;

»Indess der Zeit Pedanten längst, verwahrt in Bibliotheken,
Vor Staub und Schmutz vermoderten, als wurmige Scharteken.«